私は負けない

「郵便不正事件」はこうして作られた

村木厚子

◉聞き手・構成
江川紹子

中央公論新社

私は負けない　「郵便不正事件」はこうして作られた

目次

第二部

私は負けない

「郵便不正事件」はこうして作られた

はじめに

「郵便不正事件」で私が逮捕されてから四年余が経過しました。洪水のようなマスコミ報道、逮捕、取り調べ、起訴、一六四日間の勾留、裁判、無罪判決、そしてフロッピーディスクの改《かい》竄《ざん》の発覚……、遠い昔のことのように感じる時もあれば、ふとした瞬間に生々しく当時の感情がよみがえってくることもあります。

有罪率九九パーセントの日本の司法の中で、私は幸いにも無罪判決を得ました。さらに幸いなことに、検察が控訴を断念したことによって、「被疑者」「被告人」という立場から一年三ヵ月ほどで解放されました。今振り返ってみても、本当に幸運だったと思います。第一に心身ともに健康で、拘置所の生活でも健康を崩すことはありませんでした。第二に収入の安定した夫がいて、私が被告人となって収入がなくなっても家族の生活を心配する必要がありませんでした。第三に素晴らしい弁護団に巡り合うことができました。第四に、「客観証拠」という基本を重視する裁判官が公判の担当でした。第五に家族が二〇〇パーセント信頼して一緒に闘ってくれました。第六に多くの友人、職場の仲間が、物心両面でサポートをしてくれました……。数え上げたらきりがありません。こうした多くの幸運のおかげで、私は、虚偽の自白に追い込まれることなく否認を貫き、裁判を闘いきることができたのです。別の言い方をすれば、こうした多くの幸運が重ならないと、いったん逮捕され、起訴されれば無罪を取ることは難しいのです。

検察の無理な取り調べ、ずさんな捜査、あってはならない証拠の改竄という事実に愕然とし、検察の在り方に疑問を呈し、検察改革を望み、また、訴えてきました。「こんなことはあってはならない」と。そして、捜査機関は反省し、取り調べをはじめとする捜査の在り方も改善が進んでいると期待していました。

しかし、その期待を見事に裏切る事件が起きました。ＰＣ遠隔操作事件です。四人の方が誤認逮捕され、そのうち二人はまったく身に覚えがないにもかかわらず「自白」をしています。犯人しか知りえない、具体性、迫真性に満ちた「供述調書」も作成され、ご本人がサインをしています。この四人のうち二人という確率に、なるほどと妙に納得しました。というのも、郵便不正事件で厚生労働省の当時の関係職員が一〇人取り調べを受けた中で、私が関与したという調書を取られた職員が五人、これを否定した職員が私を含めて五人。このときもちょうど確率二分の一だったのです。取り調べを受けた経験のない人は、この高確率を不思議に思うでしょう。しかし、今の警察、検察の取り調べを受ければ、半分の人は虚偽の自白、証言をしてしまうのが現実なのです。そして、多くの裁判では、その調書が、「具体性、迫真性がある」として証拠採用され、有罪の根拠とされるのです。

　大学生の我が娘が、授業で冤罪《えんざい》事件の典型ともいえる足利事件（187ページ参照）を題材に議論したそうです。菅家《すがや》利和《としかず》さんは虚偽の自白に追い込まれ、有罪判決を受けて服役。獄中生活は十七年に及びました。多くの学生が、「菅家さんは弱かったから虚偽の自白をしたんだ」と主張したということです。取り調べの実態を多くの人が理解していないことを、娘はカウンセリングをやっている心理学の専門家に嘆き、どう説明すればいいのかと問いかけました。するとこんな答えが返ってきました。

「弱いから自白するんじゃない。弱いところを突かれて自白するんだ」

　弱いところのない人間はいません。誰もが虚偽の自白をする可能性を持っているのです。私も自分が経験するまでは、何でやってもいないことを自白するんだろうと思っていました。しかし、今はよくわかります。誰もが事件に巻き込まれる可能性がある。巻き込まれれば、二人に一人は自白する。そして有罪率は九九パーセントです。

　私が事件に巻き込まれたのは、私が証明書の発行という権限を持つ人間であったこと、また、この事件が私の部下が引き起こした犯罪であり、私には管理責任があったことなど、それなりの所以《ゆえん》のあることです。裁判終了後、私は、この件で監督責任を問われ処分を受けており、この点で深く責任を感じています。しかし、ＰＣ遠隔操作事件のように、何の関連もない、何の落ち度もない人も時として事件に巻き込まれるのです。そして、しつこいようですが、まったく身に覚えがなくとも二人に一人は自白に追い込まれるのです。そしてその調書が裁判の有力な証拠として採用される……。

今の日本の刑事司法は多くの問題を抱えています。「郵便不正事件」だけではなく、「取調べ及び供述調書に余りにも多くを依存してきた結果、取調官が無理な取調べをし、それにより得られた虚偽の自白調書が誤判の原因となったと指摘される事態が見られる」（「新時代の刑事司法制度特別部会」二〇一三年一月「時代に即した新たな刑事司法制度の基本構想」）として、「取調べや供述調書への過度の依存」から脱却するための新しい司法制度の在り方を議論する法制審議会特別部会の議論が始まっています。

法制審の議論は、法律の専門家でない私たちにとっては専門的で分かりにくいものです。しかし、誤認逮捕も虚偽の自白も決して他人事ではありません。私たち誰もの身に降りかかるかもしれないことなのです。大きな課題を抱えている刑事司法の改革に、多くの方に関心を持ってほしい。

そこで、郵便不正事件を振り返り、いったい何が起きたのか、取り調べや勾留、裁判がどういうものだったのか、皆さんに広く知ってもらおうとこの本を出すことを思い立ちました。

夫は、この事件をこんなふうに言います。「得難い経験だけど、二度と味わいたくない経験」。私も二度とこんな経験はしたくありません。そして誰にもこんな思いを味わってほしくないと思っています。そのためにどんな刑事司法改革が必要か……。この本がそれを皆さんと一緒に考えるきっかけとなれば幸いです。

第一部

第一章　まさかの逮捕と一〇日間の取り調べ

まったくわからない〝事件〟

事件を知ったのは、二〇〇九年春頃のマスコミの報道でした。「凜《りん》の会」という偽の障害者団体が、障害者団体の定期刊行物の郵便料金が格安になる低料第三種郵便の制度を悪用し、倉《くら》沢邦夫《さわくにお》元会長はじめ何人かが逮捕されたというものでした。そのうち、その団体は厚生労働省発行の証明書を使った、と報じられるようになりました。私にも、取材がありました。それで担当の部署に確認すると、決裁文書も何も残っていない、とのことでした。役所では、文書を発行すれば、必ず決裁文書が残ります。ですから、それを聞いて、「うち（厚労省）は出してないのか。だったら、団体が偽造したのかな」と思っていました。

ところが、〇九年五月二六日、上村勉《かみむらつとむ》係長が逮捕されました。職員が関わっていたんだ……と愕然《がくぜん》としました。数日して、厚労省が組織的な関与をしているといった、とんでもない情報が流れ始めました。元障害保健福祉部長の塩田幸雄《しおたゆきお》さんのところにも家宅捜索が入りました。かつての部下が逮捕されて、元上司も取り調べを受けている、という状態です。塩田さんからは電話で「何か記憶ある?」と問い合わせがあり、互いに「何もないよね」と確認しあいました。ところが、その直後、その塩田さんが「政治家から頼まれた」とか「課長に指示された」と検察に話していると報道されました。そのうち、今度は、上村さんが「課長に指示された」と述べている、という報道が大きく新聞に報じられました。課長というのは、問題の証明書が作られた当時、企画課長だった私のことです。報道では、証明書の発行は石井一《いしいはじめ》参議院議員(〇四年当時は衆議院議員)から頼まれたいわゆる「議員案件」で、塩田部長の指示を受けた私が係長の上村さんに指示し、私が団体に証明書を渡したということになっていました。

「こんなふうに書かれていますけど、どうですか」と取材されましたが、こちらはちっとも事情が分からず、「書いた記者に聞いてください」と言いたい気持ちです。記者たちに追いかけられて自分の執務室にいることができず、別の部屋に隠れて仕事をしなければなりません。トイレに行く時も、あたりを見回し、走ってトイレに駆け込むというありさまでした。

この頃、私は雇用均等・児童家庭局長として、子どもを持つ従業員のための短時間勤務制度の義務づけや、父親が育児休業を取りやすくするための育児・介護休業法改正に取り組んでいました。法案は衆議院で審議されていて、私が国会に出て行かないわけにはいかない。国会に行けば、記者につかまるし、議員からも事件についての質問が出るようになってくる。でも、私は事件について何も知らないので、答えようがありません。中には、法案についての質問も、「こういう問題になっている局長の答弁は受けられない」と言う議員もいて、そうなると質問は全部大臣に行ってしまう。本当に申し訳なかったのですが、舛添要一《ますぞえよういち》大臣は嫌な顔一つせず、「僕がやるからいいよ」と言ってくださった。本当に助けられました。家にも取材が来るので、帰るに帰れず、ホテルに泊まったり、一人暮らしをしていた長女のアパートに泊まったりするようになりました。

同僚が、「非常にいやな感じがする。早く弁護士に相談した方がいい」とアドバイスをくれて、弘中惇一郎《ひろなかじゅんいちろう》弁護士を紹介してくれました。私はメモ魔で、自分で管理するスケジュール用の手帳の他に、パソコンで業務日誌をつけていました。それを何度も見て、凜の会の名前も、倉沢さんや石井議員の名前も一切出てこないのを確認したうえで、その手帳や業務日誌を持って弘中弁護士の事務所を訪ねました。弘中弁護士からは、何も隠したり捨てたりしないようにと指示され、手帳などの写しをお預けしました。

他の職員は次々に検察に呼ばれているようでしたし、塩田さんは何度も事情聴取を受けているらしい。なのに、私だけいつまでも呼ばれず、それでも報道では自分の名前が飛び交う。こういう非常に気持ちの悪い状態が続きました。

ようやく私のところに「大阪地検まで来てください」という連絡が来た時には、むしろ「これでやっと話を聞いてもらえる」と、ほっとしました。呼び出しが来たことを弘中弁護士に報告すると、「事情を聞くのは東京でやってほしい、と交渉してもいいが、大阪への出頭を断ったということにして逮捕されたりするのもいやだから、行った方がいいでしょうね」という話がありました。この時に初めて、「ああ、逮捕の可能性があるんだ」と思いました。事件についてはまったく知らなかったので、自分が逮捕されるということが、全然想像できなかったのです。

呼ばれたのは日曜日でした。前日には大阪に入り、朝、出かける支度をしていると、「記者が張っているから早めに来ませんか」と電話があり、大急ぎで大阪地検に向かいました。記者が張っているのも、元はと言えば、検察庁からの情報漏れがあるからではないかと思うのですが……。

担当は遠藤裕介《えんどうゆうすけ》検事で、検事の執務室で事情を聴かれました。ただ、事情を聞いてもらうといっても、事件については何も記憶にないわけですから、私の方からあまり話すことはありません。聴かれたのは、主に次の三点でした。

①凜の会代表の倉沢さんに会っていないか、何か頼まれごとをしていないか。
②証明書の発行について、政治家から依頼を受けたり、上司から指示がなかったか。部下に

指示をしなかったか。
③出来上がった証明書を部下から受け取り、凜の会側に渡した事実はないか。

いずれも、まったく記憶にないことでした。なので、私は次のように答えました。

①凜の会とか倉沢さんとかは、記憶にありません。ただ、これまで会った人を全員覚えている自信はありません。普通に証明書が欲しい、ということで来られれば、担当を紹介することはあるかもしれませんし、それだけなら、会ったとしても覚えていない可能性もあります。
②胡散臭《うさんくさ》い団体なんだけど国会議員の依頼だからやってくれなんて、そんな指示を受けたことはないし、そんな異常な話であれば覚えているはずです。議員の依頼でも、違法なことはやりません。議員の方々も、それを説明すれば分かっていただけます。だいたい、そんなことをすれば、むしろ議員を違法行為に巻き込んでしまうことになります。ましてや、私が係長に違法なものを作れと命令するなんて、これは絶対ありえません。
③役所が出す証明書は、郵便で送るのが普通です。直接手渡すなんていう異常なことをやれば、覚えているはずですから、これも絶対ありえません。

ところが、出来上がった調書を見ると、「私は倉沢さんに会ったことはありません。凜の会のことは知りません」と完全に否定の文章になっています。私は、「会っていて、忘れていることもありえる」と何度も説明したのですが、どうしても直してもらえません。「調書というのはそういうものですから」と。「調書というのは客観的事実ではなくあなたの記憶なんですから、これでいいんです。また思い出したら、その時に別の調書を作るから」と言われ、結局押し切られてしまいました。

後でわかったことですが、検察は、すでにほかの関係者から、「私と倉沢さんが会っていた」という調書を取っていて、私が倉沢さんと会ったことを否定する、つまり私が嘘をついているという調書を作りたかったようです。そういう調書を作らないと、私を逮捕できなかったのでしょう。

「検事の土俵」

逮捕されたのは、〇九年六月一四日午後五時半頃です。

家族の連絡先を聞かれたので、バッグの中の携帯電話を取り出して電話番号を調べるふりをして、こっそり「たいほ」と三文字だけ打ちこんだメールを夫に送りました。漢字に変換する余裕はありません。夫は海外出張中でしたが、伝えれば一人で留守番をしている高校三年生の次女のことは、なんとかしてくれるだろうと思いました。子どもたちが、私の逮捕を報道で知るということだけは避けたかったのです。

逮捕状を見せられ、逮捕を告げられた後、移送車で拘置所に移されました。幸いにもカーテンで覆われていて、外から私の姿は見えないようになっていましたが、無数のフラッシュが焚かれているのがわかりました。

拘置所では着ている服を全部脱いで、身体検査をされ、指紋、掌紋も取られました。灰色の上下のトレーナーを着せられて写真を撮られてから、タオルや歯ブラシ、食器など最低限のものを渡されて、自分の部屋に連れていかれました。畳二畳にトイレと洗面台のついた個室です。就寝時間が過ぎていたので、暗く静かな部屋に入り布団を敷きました。「ここまではマスコミは来ない」――そう思ったら、自分でも驚いたことに朝まで熟睡していました。

トイレとの仕切りもない拘置所の部屋。写真は特別公開された東京拘置所の独居房　©外山ひとみ

逮捕されてからは、今度は拘置所の取調室で取り調べが行われました。狭い部屋で大きな机の向こう側に検事、こちらに私が座ります。私の座るパイプ椅子は床に固定されています。これは椅子を持ち上げて検事に襲いかからないようにするための工夫のようです。検事の机の横には事務官の机と椅子があって、事務官の椅子の後ろはすぐ壁という構造です。これも事務官の横を通りぬけて、被疑者が検事に襲いかかれないための工夫でしょう。取り調べはお昼過ぎから始まり、休憩や夕食をはさんで、夜の一〇時頃まで続くというのが平均的な形でした。拘置所の就寝時間は九時なので、みんなが寝静まった頃、刑務官に連れられて、拘置所の居室に帰るという毎日でした。

勾留第一日目の取り調べで、遠藤検事からいきなりこう聞かれました。

「勾留期間は一〇日、一回だけ延長ができるので二〇日間です。そのうえで、起訴するかどうか決めますが、あなたの場合は起訴されることになるでしょう。裁判のことは考えていますか」

それなら何のために二〇日間も取り調べをするのだろうと思いました。よく話を聞き、事実を調べて、本当に犯罪の嫌疑があるのかどうか確認するのではなく、もう結論は決まっている、というわけです。

遠藤検事は、こうも言いました。

「私の仕事は、あなたの供述を変えさせることです」

それなら、真実はどうやったら明らかになるんだろう、と思いました。その手段を持っている検察がそういう姿勢なら、いったい真相解明は誰がやってくれるのか、と。

それでも、取り調べに協力する姿勢は変えてはいけない、と思っていました。厚生労働省は捜査に協力するという方針でしたし、私が知らないこととはいえ、役所で起こった犯罪です。黙秘したりせずに、捜査には協力しなければ、と思っていましたから、どんなことでも聞かれたことには正直に、誠実に答えていました。

取り調べでは、検事はとにかく「倉沢が会いにきたはずだ」と言うわけです。「会った」という記憶なら確実ですが、記憶にないからといって「会っていない」とはなかなか言い切れない。検察はそれを上手に使って攻めてくるのです。

最初に倉沢さんが挨拶にやってきたという、事件の「入口」については、厚労省の職員たちも証言をしている、というのです。私が倉沢さんを上村さんの前任の係長に引き合わせ、手続きを説明してあげるように指示したことになっていました。遠藤検事から、「『入口』については、みなの供述が一致しているのに、なぜあなた一人だけ記憶がないのか」と問い詰められました。「長い裁判を考えたら、認める気はないか」とも何度も言われました。

「なぜ記憶にないのか」と聞かれても困ります。ただ、そんなにみんなが会っているというなら、もしかしたら会っている可能性もあるのではないか、とは思いました。それでも、やってもいないことまで認めるわけにはいきません。検事の言うことと私の話は、ずっと平行線のままでした。

逮捕後も、「会っていない」と言い切る表現になっている調書が作られました。遠藤検事は、訂正の申し入れにはわりと応じてくださる方でしたが、この部分は、何度訂正を申し入れても、受け入れられず、根負けしてしまいました。

でも、こうしたことが続けば続くほどこれはワナではないかと、不安が募りました。もし、私が倉沢さんに一度でも、短時間でも会ったことを示す証拠があった場合、「会っていない」と言い切る調書があると、私が嘘をついた、ということにされてしまうのではないか……と。村木は嘘つきなので、否認していることも信用できない、という印象を裁判所に与えるために、わざと「会ってない」と言い切る調書を作っておこうとしているのではないか、と思いました。

接見に来てくださった弘中弁護士に相談した結果、そのことを私が弘中弁護士のもとへ手紙に書いて送り、公証役場で確定日付をとって証拠化することになりました。先生が抗議してくれたためか、後になって「会った記憶がない」という表現の調書を取り直してもらいました。

私の手帳や業務日誌に倉沢さんの名前は一度も出てきませんし、のちに弁護団が倉沢さんの保管していた膨大な数の名刺を調べてくれましたが、私の名刺は出てきませんでした。検察は、そういう私にとって有利な情報があることは何も教えてくれません。

初めにこういうことがあったので、納得がいかない調書には絶対にサインしない、と心に誓いました。とはいえ、調書作りでは、向こうはプロ。こちらは、まったくの素人です。今日初めてグラブを着けた素人が、レフェリーもセコンドもいない状態でリングに上げられて、プロボクサーと戦わされるようなものです。

弘中弁護士がこんなアドバイスをくださいました。

「村木さん、残念だけど、検察の取り調べというのは公平公正じゃない。裁判官というレフェリーもいないし、弁護人もついていない。今いるところは、検事の土俵なんだと思いなさい」

それを聞いて、「検事の土俵」で、私が勝つなんてありえないんだ、と分かりました。そうすると、私がやらなければならないのは、負けてしまわないこと。負けてしまわないというのは、やってもいないことを「やった」と言わないことです。きちんと自分の言ったことを書いてもらうなどということはあきらめて、嘘の自白調書を取られない

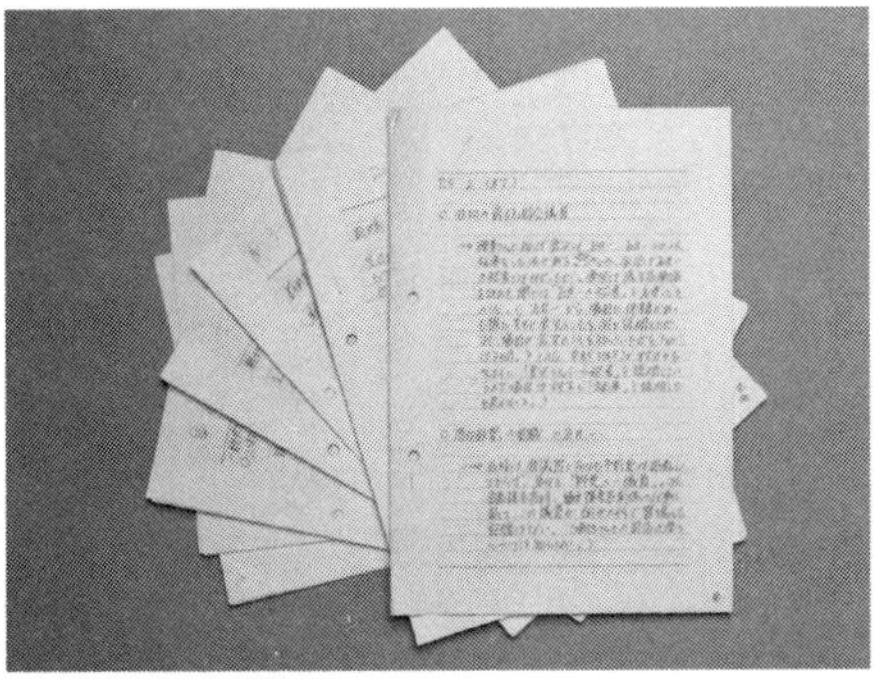

著者が弘中弁護士に送った手紙の一部

ということだけを目標とすることにしました。

いくら「検事の土俵」とはいえ、調書作りの方法には驚かされました。私はそれまで、調書というものは、被疑者や参考人が喋《しゃべ》ったことを整理して文章化するものだと漠然と思っていました。ところが実際の調書の作り方はまったく違ったものでした。

検察は、自分たちが想定しているストーリーに沿って、それに当てはまるような話を私から一生懸命聞き出そうとします。それに対して、私は一生懸命反論をします。長時間そういうやり取りをした後、私の話の中から検察側が使いたい部分を、都合のいいような形でつないでいきます。彼らにとって都合の悪いことは、いくら話しても調書には書かれないのです。

説明しても聞き入れられない

たとえば、こんなやり取りがありました。

検察のストーリーでは、倉沢さんが四回も私に会ったことになっています。まずは挨拶に来て、日本郵政公社（当時）に電話するよう再び頼みに来て、日付を五月にさかのぼって書き直した（バックデートした）証明書を大急ぎで出してくれと再び頼みに来て、最後に証明書を受け取りに来た、と。「四回も面会したのなら、手帳に面会予定を書き込むはずです。手帳にそんな記録はないのだから面会はしていないはずです」と私が主張すると、検事は、「すべてアポなしで押しかけたと倉沢さんは言っているよ」と主張します。そこで私の方は、「頼み事をするのに、アポなしで四回も押しかけるというのは、相当失礼で特異なことですから、そんなことがあれば覚えているはずです。それに、私は会議や出張などが多くて、自席にいないことがしばしばでした。よく厚労省に来られる方から『一〇回来て一回くらいしか村木さんの顔を見ないね』と当時言われたのを覚えています。なのに、倉沢さんが四回アポなしで来て、四回とも私が自席にいて対応したなんて、ありえません」と縷々《るる》説明しました。

ところが私のそういう説明は一切調書に記載されません。

倉沢さんに私が直接証明書を渡した、という点についても、「文書はそれを起案した人が上司の決裁をもらった後、清書をして公印を押して郵送で送ります。発行する名義人が直接渡すものは感謝状と辞令くらい。もし直接渡したとしたら、相当イレギュラーなことだから覚えていないわけがありません」と、役所の事務処理の仕方を詳しく説明しました。

でも、そういう反論は調書には書かれません。

そもそも、証明書は企画課長名で出されているわけですから、もし私が「出そう」と思ったら、何も偽造など命じなくても、普通に決裁して正規のものを出せばいいだけの話です。そういうストーリーのおかしさを述べても、もちろん調書にはなりません。

とにかく、検察側にとって都合のいい、少なくとも都合の悪くないことだけをつまみとってまとめた文章を示されて、そこから交渉が始まります。「私はこんなことは言っていません」とか、「こういう言い方はしていないはずです」とか、「これはそういう意味ではありません」とか……。いくら交渉しても、言いたいことを書いてもらえるわけではないので、私の説明通りの調書にはなりません。それでも、せめて嘘の内容は入れさせないために、それから誤解を受けるような表現をできるだけ避けようと、一言一句の確認に本当に神経を遣いました。

これは、私が仕事のうえで、部下が作った文章を読んでチェックしたりすることに慣れていたり、国会などで、一つひとつの表現に気を遣う答弁をする経験をしてきたから、できたのかもしれません。

取り調べ検事としては、遠藤検事はまだいい方だったように思います。逮捕された直後に、トイレに行くのに付き添ってきた女性の事務官からこっそりと「遠藤検事でよかったですよ。遠藤検事ならあなたの話をよく聞いてくれますよ」と言われました。「ということは、被疑者の話を聞いてくれない検事もいるんだな」と思いつつも、少しほっとしたことを覚えています。

遠藤検事は、取り調べが一段落すると、自分でパソコンを打って調書を作っていました。下書きができると、プリントアウトして付箋と一緒に渡してくれたので、私はよく読んで、気になるところを一つひとつ言っていきました。検事は、すんなり直してくれることもありますが、「あなたはそう言ったじゃないか」と抵抗されることもありました。そういう時には、「私が言った意味は……」と説明をし、交渉します。

遠藤検事の口調は、ごく普通で、怒鳴られたりしたことはありません。ただ、一度、心の底から怒って抗議したことがあります。それは、私の「罪」について、遠藤検事が「執行猶予がつけば大した罪ではない」と言った時です。検事さんとしては、執行猶予がついて刑務所に行かなくて済めば、たとえ有罪になっても大したことではない、という感覚のようです。これは、とうてい受け入れられるものではありませんでした。

「検事さんの物差しは特殊ですね。われわれ普通の市民にとっては、犯罪者にされるかされないか、ゼロか百かの問題です。公務員として三〇年間築いてきた信頼を失うか失わないか、そういう問題なんです」と泣いて訴えました。この時のことは、今思い出しても、涙がこみ上げます。検察は、そういう感覚で、人を罪に問うているのでしょうか。

この時の取り調べは、私が泣いたので、休憩になりました。しばらくあとで、取り調べが再開された時、遠藤検事は私の前に座るなり、「村木さんは物差しが違うと言われましたが、そうかもしれません」と言いました。私は、「職業病のようなもので、感覚が麻痺しているのかもしれませんね」と感じたことを投げかけてみました。

「執行猶予なら大したことない」という言葉は、後に國井《くにい》弘樹《ひろき》検事にも言われました。検察官出身の弁護士から、善意で「いつまでもトラブルを抱えていないで、さっさと終わらせて新たな人生を歩んだ方がいい」というアドバイスをいただいたこともあります。そういう感覚は、検事全体に共通している職業病のようです。毎日、被疑者と向き合って暮らしていると、そうなるのは無理もないのかもしれませんが……。

取り調べが始まって一〇日目、遠藤検事がそれまでのまとめの調書を作りました。いつもは、遠藤検事が私の前で自分でパソコンを打つのですが、その時には長文の調書をあらかじめ印刷して持ち込んで来て、「詳しい調書を作ったので見てください」と渡されました。それを読むと、私が言ったこともない、他人の悪口がたくさん書いてありました。みんなが嘘をついているとか、上村さん一人に刑事責任があるとか、倉沢さんは嘘つきだとか……。これには、本当に腹が立ちました。これまで誠実に取り調べに対応していたのに、まとめの調書でこれか……と。当時は、事件の真相はまったくわからず、上村さんが本当は何をしたのかもわからなかったので、誰かを犯罪者にしたり嘘つきにしたりするようなことは絶対に言わないよう、特に心掛けていました。とてもサインできるような調書ではありませんでした。

「私とは全然人格が違う人の調書です。サインできません」と断りました。すると遠藤検事は、「どこがダメなんですか？　立派な否認調書だと思いますよ。直したい部分を言ってください」と驚いているふうでした。

私は、「部分的に直して済む問題じゃありません。人格が違います」と答えました。すると遠藤検事は、「これは検事の作文です。筆が滑ったところがあるかもしれません」と素直に認めました。遠藤検事が調書を自分で直すことになり、取り調べはいったん休憩になりました。取り調べが再開されて、作り直した調書を読むと、「筆が滑った」ところはすべてなくなっていました。たった一ヵ所だけ、「倉沢さんが言っていることはデタラメだ」という部分は、「村木さん、一回言いましたよ」と言うので、そこは残すことに同意しました。

何度も読み直して細かいところも修正し、「これで結構です。サインします」と私が言うと、遠藤さんは「最初とだいぶニュアンスが変わっちゃったんで、ちょっと上に確認してきます」と、調書を私から取り上げ、持って出ていってしまいました。主任検事の了解を取りに行くようでした。これだけ真剣勝負のやりとりをして作った調書を、私の供述を一言も聞いていない上司に見せて、それでだめだと言われたら、私に調書を直せとでもいうつもりなのでしょうか。検事は「独任官」として一人ひとりが権限や責任をもって取り調べを担当しているのかと思っていたからこそ、私も必死に説明したのに、とがっかりしました。

筋書きを語る検事

この後、取調官は國井検事に変わりました。その取り調べ初日、彼は私から話を聞くより先に、まずは検察のストーリーを一方的に語りました。「この事件は、こうなんです」と言って、一人でずっと喋っていくのです。その分量は、取り調べが終わってから思い出してノートに書き留めたら、大学ノート二ページ半くらいになりました。それによると、検察の筋書きは、次のようなものでした。

凜の会の倉沢は石井一議員の元秘書で、石井から塩田部長に依頼をしてあるからと、書類の一枚も持たずに、役所の村木を訪ねた。村木は、職員を呼び、倉沢を紹介。上村の前任者

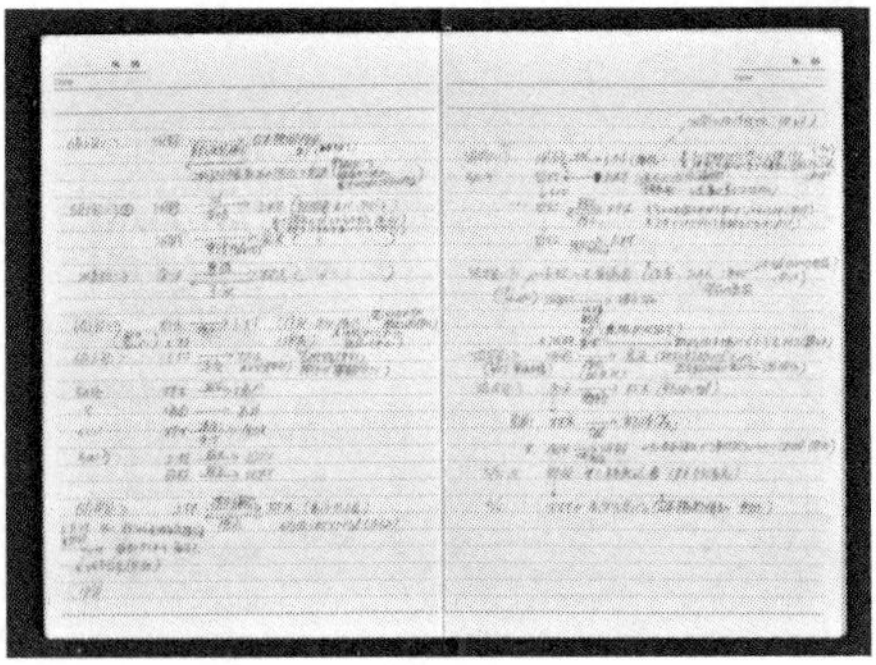

勾留中に記したノート。詳細な記録が検察ストーリーの矛盾点をもあぶりだした

は、倉沢の話を聞いて、嫌な感じを受けた。前任者は自分で証明書を発行したくないが、議員案件という上からの指示なので断ることができず、NPO法人の障害者団体定期刊行物協会（障定協・172ページ参照）に行くように勧めた。障定協の関係者も、胡散臭いと感じたが、名簿や規約などが一応揃っていたので、「営利目的ではありません」との念書を提出させたうえで、証明書交付願を出した。前任者は人事異動で転出し後任の上村が仕事を引き継いだ。上村は、予算などの仕事で忙しく慣れない環境で証明書については後回しにしていたが、凛の会から何度も督促され、仕方なく、誰にも相談せずに、すでに決裁に回っていることを示す稟議書《りんぎしょ》（決裁書類）を偽造し、凛の会に送った。

手続きが進まないことで焦っていた凛の会側は、倉沢が村木を訪ねて、郵政公社幹部に電話をしてくれるように依頼。倉沢の目の前で、村木は郵政公社東京支社長に電話をした。六月八日に凛の会が郵政公社で手続きをしようとしたが、証明書がないことに気づき、またも倉沢が村木を訪ねて、急いで証明書を発行するように依頼した。この際、凛の会の都合で五月中に手続きを終えることとしていたいきさつもあり、証明書も五月の日付にバックデートしたものが欲しいと要求した。村木がその旨を上村に指示。上村が偽造した証明書を村木に渡し、村木が自席で倉沢に渡した。

誰がどのような供述をしているのか、ということも含めて、検察のストーリーの全容がこれで分かりました。

こうした筋書きを滔々《とうとう》と語ったうえで、國井検事はこう言いました。

「今回のことが起こったのは何か原因があるはず。ノンキャリアの人たちは汚い仕事ばかりやらされている。上の言うことは絶対だと言っていますよ。トカゲのしっぽ切りにはしたくない。責任を感じてほしい」

「上村さんは、自分のような人が二度と出ないように、という思いで何もかも話してくれている。村木さんが逮捕されたと聞いた時には泣いていました。そういう人が、嘘を言うと思いますか」

そう聞かれれば、「嘘つきではないと思います」と言うしかありません。

「あなたが認めないということは、ほかのすべての人が嘘をついていると訴えることになる。そういうことをやるつもりか」とも言われました。

次の日、國井検事は他の厚労省職員数人の調書を取調室に持ち込んで来て、いわゆる「入口」の部分について、「この人はこんなことを言ってるよ」と供述調書を指で追いながら読み上げました。確かにそこには、私から指示されたという趣旨のことが書いてあります。胃のあたりに何とも言えない不快な塊が入ってくるような気分になりました。

さらに國井検事は、こんな聞き方をしてきました。

「村木さんの記憶にはないことかもしれないけれど、上司から『（証明書の作成を）やってね』って言われたとしたら、上村さんはどうしただろう」

そんな仮定の質問には答えられません。すると、國井検事はさらにこう聞いてきました。

「じゃあ、上村さんが金が欲しくて、あるいは何か悪意があって、こういうことをやった、ということは考えられますか？」

私が「ありえないと思います」と答えると、さらに、こんな仮定の質問をするのです。

「もし、上村さんが上司から指示されて追いつめられたとしたら、かわいそうですよね」

私が「そうですね」と返すと、國井検事はやおら、調書の口述を始めました。遠藤検事とは違い、國井検事は口頭で調書の文章を述べて、それを事務官がパソコンで打ち込むやり方で調書を作るようでした。

聞いていてびっくりしました。こんな内容になっていました。

「上村さんに対し、大変申し訳なく思っています。私の指示が発端となってこのようなことになりました。上村氏はまじめで、自分のためにこういうことをやる人ではありません。私としては、彼がこういうことをやったことに、責任を感じています」

仮定の質問をいくつかして、私の答えの都合のいいところだけを取りあげて、それを検察のストーリーの中に入れ込んで調書を作ってしまうのです。しかも、「指示」や「責任」という書き方が曖昧で、いろんな取り方ができる巧妙な文章でした。すぐに「村木局長『私の指示が発端』」「責任を感じている」といった新聞の見出しが頭をよぎりました。

國井検事は、一通り口述を終えると、その調書を印刷せずに、「サインしますか」と聞いてきました。「サインできません」と即座に断りました。拒否されるのを分かっていて、印刷しなかったんでしょう。こういうひどい調書を作った、という証拠を残さない。本当に狡猾《こうかつ》なやり方です。

私は、「仮にそういうことがあったとして、上村さんが追いつめられた気持ちになっていたのであれば、それをかわいそうに思いますが、それでも『やっていいことと悪いことがある』と叱りつけたい気持ちも、同じくらいあります」と言いました。そして、この人のもとでは絶対に調書は作るまい、と心に決めました。

遠藤検事は、取り調べが終わると、事務官に「(被疑者を房に)下げて」と、私をまるで食べ終わったお膳を下げるように言うのが常でしたが、その飾らない態度は、きらいではありませんでした。一方、國井検事は、物言いは穏やかだし、親切そうなことも言うし、取り調べを始める時と終わる時にはいつも深々とお辞儀をするなど、礼儀正しい人ではありました。調べの始めと終わりに礼をするのは、きちんと対等な信頼関係の下に取り調べをするべきだと考えているからだと言っていました。しかし、被疑者が礼をするのは、検事との間に信頼関係があるからではなく、検事が絶対的に優位な立場にいるからだというこんな簡単なことが理解できないで、形だけ整えてみても何の意味があるのでしょうか。彼への信頼が失われるにつれて、この「礼」は私にとって苦痛以外の何物でもない儀式になりました。

國井検事は、これまで担当した事件のことも話していました。被疑者が否認をしている事件で、決定的な証拠を本人にはずっと教えず、裁判で出してやったら、有罪になってしかも否認をしていたから罪が重くなった、などという話を、あまり表情も変えずに、淡々と喋るのです。

和歌山のカレー事件で死刑判決を受けた林真須美《はやしますみ》さんが、同じ拘置所にいることも、國井検事から聞きました。そして、こんなことを言いました。

「あの事件だって、本当に彼女がやったのか、実際のところは分からないですよね」

すでに死刑が決まっている人について、無実かもしれないと平気で言う神経が私には理解できませんでした。彼が言うには、真実は誰にも分からない。だから、いろいろな人たちの話を重ねていって、一番色が濃く重なり合うところを真実だとするしかない、と言うわけです。それが本当の真実かどうかは、自分たちにとって大事ではないと告白しているようなもので、こういう感覚で人を罪に問う仕事をするのは、とても危険ではないか、と感じました。

しかも、とても思い込みが強いのです。政治家は平気で悪いことをする連中であり、そういう政治家が紹介してくるのはろくな団体じゃない、という発想で凝り固まっているようでした。そして、役所の人間は政治家から言われれば違法なことでも何でもやると信じ込んでいるのです。私が、「こういう証明書の類は、民間の人が窓口を訪ねてこようと、議員さん経由で話が来ようと、やることは同じなんです」と説明しても「そんなはずはない」の一点張りでした。

思い込みの中でも、厚労省内でのキャリアとノンキャリアの違いについて独自の構図を描いてくるのには、辟易《へきえき》しました。彼の頭の中では、ノンキャリアは常にキャリアから無理な仕事、汚い仕事を押しつけられ、ひどい目に遭っているらしいのです。何が根拠か分かりませんが、そういうイメージが強固なのです。國井検事は、キャリアは悪官僚であり、「ノンキャリアはいつも汚い仕事をさせられている。本件でも、同じように、キャリアは手を汚さずに、ノンキャリに違法行為をさせた。ノンキャリアの上村は、キャリアの村木に指示されたので仕方なくやった」という筋書きにしたかったようです。

この点は、後に裁判の時に裁判官も不思議に思ったようで、検察側証人として出てきた國井検事に「どうしてキャリアとノンキャリアの関係が、上村被告が証明書を偽造する動機になるのか」などと聞いていました。國井検事は、「事件の背景として、ノンキャリアが嫌な仕事をさせられてきた」と説明しましたが、「具体的には?」と重ねて聞かれて、何も答えられませんでした。

証拠よりもストーリー

検察のストーリーは、当初、客観的事実とはまったく異なる前提で作られていました。証明書の偽造を指示した動機として、私が企画課長時代に担当した障害者自立支援法案があった、というのです。法案を国会ですんなり通すため、野党の議員にも気を遣い、民主党の石井議員の要請に応じて役人が違法な行為をやった、という構図です。

しかし実際は、証明書が作られた〇四年六月当時、まだ法案は影も形もありませんでした。この法案は、次のような経緯で出来上がりました。

〇三年四月に新たな支援費制度が始まりました。障害者自身が自分の受ける福祉サービスを選んだり決めたりできる利用者本位の制度で、使い勝手がよく、非常に評判がよかったのですが、たちまち財源が底をついてしまいました。省内の他の分野で節約をしたり、経費を圧縮して回してもらい、なんとかしのいだのですが、このままの制度を続けられないことは明らかでした。それで、障害者団体にも現状認識を共有してもらい、一緒に議論を重ねて新しい方向を作っていこうということで、初めて会議を開いたのが、〇四年四月三〇日です。グランドデザインができたのが一〇月、法案ができたのは、〇五年一月に始まる通常国会の直前でした。

検察のストーリーでは、倉沢さんが最初に私のところに来られたのは、〇四年二月ということですが、この時点で、私が法案成立のために、国会議員からの無理な頼みを引き受けた、ということはありえないのです。

それなのに、こともあろうに、〇四年二月には障害者自立支援法案を巡って国会議員に必死に根回しをしていた、という内容の厚労省職員の調書がいくつも作成されていました。私は、遠藤検事の取り調べの時に、この法案の成立過程を聞かれたので、経緯を説明し、「インターネットで厚労省のホームページに入って、社会保障審議会の障害者部会の議事録を見れば、経緯がよく分かりますから」と教えました。彼はしばらく経ってから、「勉強してだいぶ分かってきました」と言って、障害者自立支援法成立の経緯について改めて調書を取りました。

検察というところは、客観情報よりも調書を重んじる文化があるようで、この調書ができて初めて、「ああ自立支援法は違うのか」というのが分かってきたようです。そうすると、これまでの厚労省職員の調書が間違いになってしまいます。それで、彼らは慌てて関係者の調書を取り直しました。その結果、客観的事実との齟齬《そご》はなくなったのですが、今度は、私が違法な行為を敢えて行う動機がなくなってしまったのです。

遠藤検事も國井検事も、手帳や業務日誌に書いてある私の行動について、一つひとつ聞いてきました。二〇日間の取り調べの中で、もっとも時間を費やしたのがこの点でした。特に、〇四年二月と三月については、休暇簿や出張の旅行命令なども付き合わせて、細かく調べたようで、「出勤簿なんかと照らし合わせたのですが、正確ですねえ」と言われました。最初は事実関係を確認していると思っていたのですが、途中から、いつなら倉沢氏と会う可能性があるのか、私にアリバイがない時間帯はいつかを探しているということに気づきました。

手帳や日誌を見れば、議員からの依頼事項やそれをどのように処理したのかが全部書いてあります。それを見れば、石井議員や倉沢氏の名前が出ていないことも分かるし、与党の議員からの「ここに補助金をつけてくれ」という依頼を断ったことなども出てきます。補助金がついたかどうかは、裏付けもとれるはずです。そういう対応を続けてきた私が、なぜ野党の議員からの無理な頼みを聞かなければならないのでしょうか。

こういう証拠を見ても、検察は、もしかしたら被疑者の言っていることが本当かもしれない、と考え直すことがないのです。あらゆる証拠は、もっぱら検察のストーリーを裏付けるために使えるか使えないか、という観点で検討され、ストーリーに合わないものは無視されていきました。

勾留満期まであと五日という夜、國井検事が「村木さんには大変ショックなお知らせがあります」と言ってきました。

「起訴を決めました。検事総長まで内諾を得ています」とのことでした。

この時には、すでに私を信じてくださる方たちが、支援する会を作ろうとして動き始めていました。國井検事からは、そのことについて、こう告げられました。

「支援する会ができるようだが、裁判になれば、そうした人たちを巻き込むことになる。否認していると、厳しい刑、実刑を受けることになるが、それでもいいのか」

その後も、國井検事からは、「裁判のことを心配している」と繰り返し言われました。また「弁護士の中には無罪を安請け合いしたり、だます人もいる」とも言われました。否認し続ければ重い刑になるから考え直せ、というわけです。

そして勾留満期の〇九年七月四日、私は虚偽有印公文書作成・同行使の罪で起訴されたのです。

取り調べは終わりました。拘置所の部屋の壁にはられたカレンダーを見つめながら、「一日終わった」「二日終わった」「(勾留期間の)半分終わった」「あと〇日……」と数える日々、本当に壁に穴があくのではと心配する日々でした。精神的にはたしかにきつかったけれど、逮捕されてからも食欲が落ちず、睡眠もちゃんととれていたので、なんとかもったのだと思います。

この日の日記には、こう書いてあります。

〈二〇日間、結果はどうあれ、よくがんばった‼　ほめてやろう〉

第二章　一六四日間の勾留

拘置所での暮らし

取り調べ、逮捕、勾留を通じて一番ショックを受けたのは、逮捕翌日に勾留の手続きで裁判所に行く際に手錠をかけられ腰縄をされた時です。逃亡を防止するためのようですが、私は犯罪者として扱われているのだと実感しました。この姿は、家族に見せたくない、と思いました。

この時、右手の手錠が手首の骨に当たって少し痛みました。初日から文句を言ってにらまれたらどうしようと迷いましたが、拘置所というのはどういう所か分からなかったし、自分の人権がどの程度守られるものか知りたい、ということもあって、意を決して言ってみました。

「すみません、右手がちょっと痛いんですけど……」

すると、女性の職員がすぐに鍵を外してはめ直してくれて、安心しました。

大阪拘置所の職員の方々には大変親切にしていただきました。当初、私は自殺をするのではないかと心配されていたようです。入れられたのは、看守の人の真正面の部屋で、監視カメラもっていました。この日、責任者らしき女性職員から、「気持ちをしっかり持ちなさい。泣いている暇はありませんよ、検察と闘うんでしょう?」と声をかけられました。法務省の職員から「検察と闘う」という言葉が出たことに驚くと同時に、強く励まされました。逮捕された時は泣かなかった私も、思わず泣いてしまいました。ノートに「やさしくされると涙が出る」と書きました。

拘置所での暮らしは、起床七時半、就寝九時。美味しいとまでは言わないものの、栄養バランスの整った麦飯中心の食事が三食きちんと用意され、一日二回の体操の時間があるといった具合に、規則正しい静かで簡素な暮らしです。衣服の洗濯も、枚数に制限はありますがやってもらえます。お布団も時々干してくれます。

一方で、厳しいルールがたくさんあります。決められた時間以外は、座っていることが求められ、勝手に寝転んだりはできません。布団をたたんでおく場所や、机を置く方向なども決められています。入浴は週二回(夏場は三回)、服を脱ぎ始めてから入浴して服を着終わるまでの時間はきっちり一五分以内と決まっています。一度、食事をしながら本を読んでいて職員さんに叱られました。職員さんが部屋に入って持ち物検査をすることもあります。

もちろん、特殊な場所ですから、そこが自由や権利を普通に主張できる場所ではないということは分かっていました。なぜこんな不自由なことを、と思うこともありましたが、ここのルールはルールと割り切って受け入れ、トラブルを起こさず、職員さんを困らせず、私自身も不愉快な思いをしないよう、できるだけ気持ちよく暮らそう、と決めました。

私を支えてくれたもの

逮捕されたからといって、私がそれほど激しく落ち込まずに済んだのは、生来ののんきな性格に加え、多くの人に応援していただいたこと、そして、夫と娘たちの存在が大きかったと思います。

もともと楽観的な方ですし、ずっと共働きで二人の子どもを育ててきましたので、何をするにも常に「時間がない」という状態でした。なので、今できないことは悩んでいても仕方がない、とりあえず横においておこう、というのがほとんど習慣のようになっていました。逮捕されて拘置所にいるときも、「なんで逮捕されちゃったんだろう」と今更考えてみても、逮捕されたこと自体はいくら私が努力しても変えられない。それだったら今何ができるか考えようと思いました。もちろん、起訴はしないでほしいけど、起訴はされるだろう、起訴されることを前提に対応しなければ、と思っていました。無駄なことを考えず、現実的に何ができるかを考えることが習い性になっていたので、起訴された時も、特にがっかりすることもなく、平静な気持ちで受け止められたように思います。

取り調べの期間は、接見禁止処分が付されたので、弁護士さん以外には会えませんし、手紙のやりとりもできません。家族は、私のことを二〇〇パーセント信じてくれていると分かっていましたが、仕事などでお付き合いのある人たちがたくさん応援してくれたのは、本当にありがたかったです。逮捕されて最初に、弁護士さんが接見に来られた時、「私たちも心を痛めています」「がんばってください」「私はあなたの味方です」という応援のメッセージと名前をたくさん書いた紙をアクリル板越しに見せてくれました。みんな信じてくれているんだ、と励みになりました。

いろいろな報道があり、逮捕もされた。私は変わってしまったのだろうか、私はいろいろなものを失ってしまったのだろうかと自問しました。「私は報道されているようなことは何もやっていない。報道が事実と違うことを流しているだけで、私が変わってしまったわけではない。これだけの報道があり、逮捕もされて失ったものはあるかもしれない。それでもこんなに信じてくれる人がいる。私はこんな財産を持っていたんだ」と気持ちを整理することができました。そのことで、それほど落ち込まずに済んだと思います。

特に娘の存在は、心のつっかえ棒になりました。人生は常に順風満帆でいられるわけではなく、何らかの災難に見舞われる時期があります。私のように逮捕されるのはまれとしても、自分には何も責任がないのに病気になったり、事故にあったり、何かの困難に遭遇することはある。将来、娘たちがそういう状況に陥った時、今の私のことを思い出して、『お母さんもがんばれなかったもの、やっぱり無理なんだよなあ』とは思ってもらいたくない。『あの時、お母さんもがんばった。大丈夫、私もがんばれる』と思ってもらわなくては。将来の娘たちのために、ここで私ががんばらないといけないと思った時、私はがんばれると確信が持てました。

二〇日間の取り調べ期間中は、私はほとんど泣いていないと思います。検事から「執行猶予なら大したことない」と言われてあまりに腹が立って泣いたことはありますが、拘置所の房に一人でいる時には、ほとんど泣きませんでした。泣くのが怖かったのです。泣くことで感情が乱れて、闘う気持ちが崩れてしまうのが、とても怖かった。

取り調べが終わって、安心して泣けるようになったような気がします。接見禁止が解けて、いろいろな方が面会に来てくださったり手紙を送ってくれました。手紙を読んで気持ちのこもった言葉がうれしくて泣くことが何度もありました。Jリーグのチームの応援歌「You'll never walk alone（君はひとりじゃない）」（FC東京・サポーターズソング）の歌詞を書いて送ってくださった方もいました。私にはサポーターがいると実感しました。

上村さんや倉沢さんたちは、起訴と同時に保釈になりましたが、私は起訴後も勾留が続きました。証明書を巡る事件で、起訴後も勾留されたのは、私一人です。弁護士からは、逮捕された人は自白をしないとなかなか身柄を解放してもらえない、否認をしていると検察が保釈に反対し、裁判所も検察に引きずられてなかなか認めない、と聞いていました。「人質司法」と呼ばれているそうです。私が保釈されないのも、否認しているためなのだろうと思いました。無実の人間が「無実です」と主張すると自由を奪われるというのは、とても変な感じがしました。

自分が努力してもどうなるものでもないので、体に気をつけて、とにかく落ち込まないようにしていました。そのためには好きなことをするのが一番です。私は本を読むのが好きなのですが、日ごろは忙しくて思うように読めません。この際、思い切り本を読むことにしました。それを聞いた多くの方から本の差し入れをいただきました。普段、自分では選ばないような本もあって、面白く読みました。勾留が長くなるだろうと覚悟が決まってからは、大長編（『ローマ人の物語』塩野七生著、新潮文庫　全43巻）にも挑戦しました。起訴される直前に読んだ本に当時の私の気持ちにぴったりな文章があったので、ノートに書き写しました。

「あなたが何をしてたって、あるいはあなたになんの罪もなくたって、生きてれば多くのことが降りかかってくるわ（中略）だけど、それらの出来事をどういう形で人生の一部に加えるかは、あなたが自分で決めること」（『サマータイム・ブルース』サラ・パレツキー、山本やよい訳、ハヤカワ・ミステリ文庫）

愛する兄に死なれ、冷たい家族関係の中でひたむきに生きる少女に主人公がかけた言葉です。

逮捕されたり、起訴されることは私の力で変えられなくても、それをどのような形で私の人生に加えるのかは、私自身が決めることなんだな、と改めて思いました。

最初は、裁判というものに実感が湧きませんでしたが、起訴された以上、社会的に無実を証明してもらうのは裁判しかありません。自分のためにも、自分を信じてくれている人のためにも裁判をちゃんと闘わないといけない。そのために、できるだけのことをやろう、と決めました。

どうしてみんな嘘をつくのか

この裁判では、公判前整理手続（公判前に検察側、弁護側がそれぞれの主張とその証拠を明らかにし、裁判そのものを効率的に行うための制度）が行われることになりました。最初に、検察官の予定主張が示され、それを固めるための検察側の証拠が開示されます。その後、弁護側が関連する証拠を請求し、これが何回かに分けて開示されます。さらに、弁護人も主張を提示し、それについての証拠開示も求められます。

検察の証拠が弁護側に開示されるたびに、コピーが私のところにも届けられました。私は刑事裁判は素人ですが、厚労省の職場にいるからこそ分かることもあると思いましたし、知りたいこともあったので、一生懸命読みました。開示される証拠のほとんどは、被疑者や参考人の供述調書ですが、そのほかにも関係したところから家宅捜索で押収された書類のコピーや捜査報告書なども交じっています。Ａ４判の紙ですが積み上げると七、八〇センチの高さになりました。

検察の主張は偽りだと分かっているわけですが、それなら本当は何が起きたのか、まず知りたかった。それから、何が原因で、検察は間違えたのだろうか、ということ。証明書が作られた時、その職員には偽の団体だということが分かっていたのだろうか、という点も気になりました。

一部は國井検事から聞かされていたとはいえ、厚労省の職員たちの調書を読んだ時には、かなりショックを受けました。たくさんの調書に、私が倉沢さんと会ったり、担当者に紹介したり、証明書の作成を指示したりといったことが、あたかもあったように書かれているのです。「ちょっと大変な案件だけど、よろしくお願いします」といった私の言葉まで、いかにもリアルに書かれていました。五年も前のことなのに、何人もがそのセリフを正確に記憶していることになっています。また、当時は障害者自立支援法の制定作業をしていたといった、一年近く時期が違うことまで、検察側のストーリーを認めてしまっている人たちが、なんと一〇人中五人もいました。

私自身が実は、ジキルとハイドのような二重人格で、悪い人格になっているときの記憶がなくなっているのかしら、それとも、自分が気がつかないうちに、多くの人の恨みを買っていて、みんなで「村木のせいにしよう」と口裏を合わせたのかしら……そんなことまで考えて、精神的にも耐えられない状況になりました。

接見に来た弘中弁護士に、思わず、「どうしてみんな嘘をつくんでしょう」と問いかけました。すると日頃は優しい弘中弁護士が、大きな声で、強い口調でこう言いました。

「誰も嘘なんかついてない。検事が勝手に作文をして、そこからバーゲニング（交渉）が始まるんだ。供述調書とはそういうものなんだ」

私の取り調べも、まさにバーゲニングの世界でしたが、逮捕されていない人の取り調べも、その点では同じだったのです。

厚労省職員の中にも、記憶にないことはないと、最後まで述べている人もいました。こういうものは、性格の弱さなどの問題というより、バーゲニングの力や経験がどれだけあるか、なのだと思います。私も最初は、押し切られてしまいましたが、その後は嘘を書いた調書を作らせずに済んだのは、日ごろ仕事で交渉する場面が多く、鍛えられていたお陰でしょう。

今になってみれば、事実と異なる供述調書を作られてしまった人たちの状況も察することができます。まず、役所を巻き込んだ事件であることは事実で、逮捕者も出てみんな動揺していたこと。五年も前の出来事で、みんな記憶に自信がないこと。一方で省としては捜査に協力しなければならない、という大命題があります。報道もたくさん出ているし、報道や検察が言うこととまったく違うことを言えば、嘘つきと思われるんじゃないか、という警戒心も働きます。それで、いつの間にか、検事の話や報道で言われていることを前提に、それに合わせて話をしようとしてしまうのでしょう。

また、検事は、「こういうことがあったとしたら、どうして起きたと思いますか」などと聞いてきます。仮定の話として、一生懸命考えて答えます。すると、調書では、それが事実であるかのように「こういうことが起きた原因は……だと思います」と書かれてしまう。そうやって巧妙に誘導されていきます。それに、職場の他の人の調書の内容を告げられて、「それを否定するのか」と聞かれれば、仲間を嘘つきにしたくない、という気持ちもある。だから、誰か一人が落ちると、芋づる式に供述が揃えられていくのです。

密室で作られる調書

事件の「入口」、つまり私が倉沢さんに会って、厚労省の職員を紹介した、という場面は、不法行為ではなく、検事の言うことに従っても心理的な抵抗が少なかったのかもしれません。一方、私が倉沢さんに偽の証明書を渡したという「出口」は、みんな認めるのに結構抵抗しています。それでも、「入口があれば出口があるはずだ。なければおかしいだろう。お前は嘘をついているのか」と理詰めでやられると、まじめな人たちだけに弱い。公務員と教師は落としやすい、というのを聞いたことがありますが、公務員の心理を知ったうえで、巧妙に誘導していったのでしょう。

検察の言うとおりの供述をしないと、「特捜をなめるのか」と凄まれ、「一晩でも二晩でも泊まっていくか」と身柄拘束をされるような脅しを受けたり、「課長が犯人じゃないなら、お前だな」と脅された人もあったようです。

あるいは、同じ公務員ということもあり、一般の方以上に検事のことを信じてしまう傾向もありました。たとえば事件当時部長だった塩田さんは、法廷でこう証言していました。

「密室の取調室で検事から、『あなたが石井議員に証明書が発行されたことを報告する四分数十秒の電話交信記録がある』と言われ、それならば記憶にはないが、きっと最初の依頼も自分が石井議員から受け、村木さんに対応をお願いしたのだろう、と思い込んでしまった」「何度も何度も、『交信記録があるのは本当か？　本当なら見せてほしい』と頼んだが『ある』というだけで検事は最後まで見せてくれなかった。私は、お互いにプロの行政官であるという信頼感があるので『それが嘘だ』とは思わなかった」

ところが、裁判の証人に呼ばれることになり、その打ち合わせの際に公判担当の検事から、そのような記録はない、ということを告げられて、彼は愕然としたと述べていました。

そうやって作られた調書は、よほど強い意志を持ってバーゲニングに臨まない限り、そして検事に負けないバーゲニングの力がないと、修正はしてもらえずに、検察の都合のいい形で証拠になってしまいます。

誘導していくプロセスは、何も記録に残されません。そのため、取り調べを受けた側が裁判で、誘導されたり脅されて記憶と異なる調書ができた、と説明しても、検事がそれを否定すれば、水掛け論になってしまいます。

現に塩田さんの調書を作成した林谷浩二《はやしだにこうじ》検事は、裁判に検察側の証人として出廷して、通信記録の話を否定しています。「塩田氏の方から、通話記録があるなら教えて、と言い出した。自分は通話記録があるとは一切言っていない」というのが、林谷検事の言い分です。

これでは、裁判官もどちらの言い分を信じたらいいか分からないはずです。裁判では、塩田さんの調書は、任意性があるとして証拠採用されました。この事件では、検察側の証人が次々に、調書と異なる証言をしたこともあり、塩田さんの調書も内容には信用性がないということで、判決には影響を及ぼしませんでしたが、取り調べの状況が音声だけでもきちんと記録されていれば、裁判官も判断に困らないでしょうし、判断を誤ることも避けられるのではないでしょうか。

私の事件がきっかけとなって、刑事司法制度改革が議論されるようになりましたが、その中でも取り調べの可視化、すなわち取り調べのプロセスの録音・録画が最も大きな課題になっているのはこういう理由からです。私が無罪となってからの検察改革の中で、特捜部の扱う事件については、被疑者の取り調べの録音・録画が試行されていますが、参考人など任意の事情聴取に関しては、試行さえ始まっていません。

フロッピーに残された、おかしな日時

拘置所の中に差し入れられた証拠類は、必ず二回は目を通すようにしました。まず一回読んで、一日おいて、もう一回頭を空っぽにして読み直す。そうすると新たな発見があったりします。結構根気のいる作業でしたが、おかげでフロッピーに記録された作成時期に関する問題も、そうやって読み直している時に見つけることができました。

それは、國井検事についていた検察事務官が作成した、「公的証明書等データのプリントアウトについて」と題する捜査報告書でした。A4判一枚の文書に、上村さん宅から押収したフロッピーディスクから証明書ファイルのプロパティをプリントアウトした写真が載せてありました。

プロパティには、次のような日時が明示されていました。

▽作成日時　2004年6月1日1時14分32秒

▽更新日時　2004年6月1日1時20分06秒
▽アクセス日時　2009年5月29日
この捜査報告書を見つけたときは、時間の表記はありませんでした。

アクセス日時には、本当に驚きました。というのは、私は、取り調べの時に、証明書の作成記録はない、と信じさせられていたからです。國井検事は、何度聞いても、「そういうものはない」と言っていました。

私はメモ魔で、業務の記録をしっかりつけています。いつ、何が行われたのか正確にわかれば、私の無実を証明するきっかけになるかもしれません。証明書が偽造された事件ですから、その作成日時は特に重要です。だから私は、取り調べの時に、「証明書の作成に関して日付の分かるものはないんですか？」と聞きました。國井検事の答えは、「残念ながら、ないんですね」というものでした。通常であれば、文書の作成はパソコンに記録が残るのですが、たまたま、証明書が作られた時期から捜査が行われるまでの間に職場のパソコンの機種変更があったので、ハードディスクの中にデータが残っていないのは知っていました。それで、國井検事の話を「そうなのか……」と信用しました。彼は、上村さんの家の家宅捜索の様子を詳しく語り、その際押収したものについても話してくれました。証明書などのコピーがあって押収したと言っていました。しかし、フロッピーの話はいっさいしませんでした。保存したいのなら、電子データでとっておくのが普通だと思ったので、不思議に思って聞きました。

「おかしいですね。なぜ、紙で保存しておいたのでしょうか」

國井検事は、素知らぬ顔でこう言いました。

「彼のやり方なんですかね」

フロッピーがあったことには驚きましたが、一回目にこの捜査報告書を見た時には、子細に日付まではチェックしませんでした。当然に、検察のストーリーどおりの日付が記されているものと信じて疑わなかったのです。

翌々日、もう一度この捜査報告書を眺めていて、「あれ、おかしいぞ」とやっと日付のおかしさに気づきました。

「バックデート」の意味

なぜ、この証拠が重要なのかというと、検察のストーリーでは、問題の証明書は、〇四年六月八日から一〇日の間に作られていないとおかしいのです。つまり、凜の会が八日に郵政公社に行ったら、「申請書類の中に証明書がない」と言われ、倉沢氏が慌てて私に「急いで五月にバックデートした証明書を作ってくれ」と頼みに来て、それから私が上村さんに指示をして作らせた、ということになっています。凜の会が証明書を郵政公社に提出したのは一〇日です。

この一〇日は、郵政公社側に記録が残っているので、確実です。

プロパティで示されている最終更新日は、私が倉沢氏から頼まれて上村さんに指示をしたはずの日よりも一週間も前です。しかも午前一時過ぎという時間帯は、五月三一日の深夜の延長と考えられますから、バックデートしなくても五月中の日付で証明書を発行できるタイミングです。実はこの「バックデート」というのは、検察のストーリーにとって、とても重要な意味を持っていました。当時課長であった私は、証明書を発行する権限を持っていました。だから、私が決裁書にサインをすればいいだけで、わざわざ「偽造」をする必要はありません。そこで検察は日付をバックデートした証明書を発行するよう頼まれたので、正規の決裁手続きが取れず、それで証明書を偽造したというストーリーにしていたのです。

よくよくこのプロパティを見直し、やはりこれは決定的な証拠になるのではないか、と思いました。接見に来てくれた弁護士に説明をし、さらに弁護団宛ての手紙にも書きました。

國井検事が作成した上村さんの調書にも、フロッピーのことはまったく載っていません。後で、上村さんの被疑者ノートを見たら、彼はフロッピーのプロパティを見せられていました。それまで、作成したのは証明書に書いてある五月二八日だと思い込んでいたのが、プロパティを見せられて、自分の記憶が信じられなくなり、そこを國井検事に揺さぶられて、検察側のストーリーを受け入れていくようになっていきます。それなのに、フロッピーのことを一言も調書で言及しないのは、意図的に隠したとしか考えられません。その重要性が分かっているからこそ、隠したのです。

隠していたはずのフロッピーの情報を記《しる》した捜査報告書を弁護側が入手できたのは、記録がすべて特捜部から公判部に移され、フロッピーを巡る事情を知らない公判部が、うっかり開示してしまったからでしょう。

証明書の偽造の罪に問われているわけですから、そのデータを保存したフロッピーは、最も基本の証拠のはずです。それなのに、それを証拠提出しない。それどころか、フロッピーは上村さんや私への取り調べが終わった直後に、上村さんに還付されていました。その前に前田《まえだ》恒《つね》彦《ひこ》検事が改竄をしていたことが分かったのは、私に対する判決が出た後です。

改竄は前田検事一人の行為かもしれませんが、捜査段階でのフロッピー隠しについては、國井検事も同罪と言えるのではないでしょうか。裁判の証言や最高検察庁の検証でも、そこのところは明らかになっていません。私は、どうしても事実が知りたくて、後に最後の手段として国家賠償請求訴訟を起こしたのですが、請求を国に認諾（原告の主張を認めて争わないこと。したがって証人尋問等も行われない）されてしまい、この点について國井検事などに対する証人尋問もできませんでした。

もう一つ、フロッピーを巡って残念だったことがあります。それは、検察はどこかで間違いに気づいて、方針を直してくれるかもしれない、という期待や信頼が裏切られたことです。

プロパティの問題に気がついた頃は、私はまだそういう期待や信頼を持っていました。ところが、公判前整理手続で弁護側がフロッピーの報告書を証拠請求すると、検察側は猛反対したのです。公判部で主任を務めた白井《しらい》智之《ともゆき》検事は、「本当に証明書データが保管されていたフロッピーかどうか分からない」「本当だとしても、この最終更新日は、印刷した日とは違う」などと言って、激しく抵抗しました。私が指示した、という日より前に作られていたということは明らかなのに……。

検察の上層部は、一〇年一月二七日の初公判での弁護側の主張が報道されて、フロッピー問題に気がついて、高等検察庁や最高検も含めて大騒ぎになったようです。でも、問題点は前年秋の公判前整理手続ですべて明らかになっていたのです。

他にも、弁護側が出そうとした証拠に検察が猛反対したことがありました。厚労省職員の中で、政策調整委員を務めていた方が、「村木さんはこういう案件があったと知らないはずだ」という供述調書を作ってくれていたんです。政策調整委員は、各局に一人ずついて、その局の仕事のコントロールタワーになります。とりわけ国会や議員関係の業務は、この政策調整委員がしっかり把握しています。検察ストーリーでは証明書の発行は「議員案件」だということだったので、国会議員との関係をよく知っているこの政策調整委員の供述調書は重要でした。その政策調整委員の役割をルール化した書面が、厚労省の中にあるのですが、それを証拠請求したら、検察側は大反対でした。ルールブックがあるのに、それを無視し、「政策調整委員というのは複数の局の間を調整するのが仕事です」という事実を歪めた供述調書を証拠として使おうとしました。客観的な事実をまったく尊重せず、自らに都合のいい供述調書をつくって証拠にしようとするこの対応に、本当に落胆しました。

公判前整理手続には私も出席しました。どうしても軌道修正しようとしない姿を目の当たりにして、検察に対する失望が広がると同時に、裁判所の対応には希望を持つことができました。私の事件が、大阪地裁第一二刑事部（横田信之《よこたのぶゆき》裁判長）に係属となった時、大阪の弁護士さんたちが「いい裁判官に当たった」と喜んでいました。それを聞いて弘中弁護士は、「事件が起きた場所は東京で、被告人も他の関係者も皆東京周辺にいる人なのだから、東京地裁に移管すべきだと主張しようと思ったが、評判のいい裁判長だったのでやめた」と言っておられました。実際、公判前整理手続の間に、検察にはいくら言ってもなかなか分かってもらえなかった、厚労省の決裁ラインや仕事の手順などについて、裁判長は理解しようとし、検察に資料の提供を求めたりしてくださいました。検察に対して、証人として呼ぶ人と呼ばない人はどういう切り分けになっているのかを尋ねる場面もありました。決して検察の言いなりではなく、裁判官が自分なりに事件の構図を頭の中に描こうとしているのがよく分かりました。私の話も、もしかしてここなら通じるのかもしれない、と思いました。

本来、裁判所に当たり外れがあってはならないとは思うのですが、大阪地裁第一二刑事部の裁判官の方々に担当していただけたのは、とても幸運でした。

保釈の決定

起訴後は、毎日誰かが面会に来てくれました。夏休みの間は、次女が大阪のウィークリーマンションで一人暮らしをして、毎朝来てくれました。拘置所に寄ってから、予備校の夏期講習に通っていました。面会時間は一〇分ほど。話題はもっぱら、ごく普通に茶の間で話すようなことばかり。「○○ちゃんがどうした」とか、新しい服を買ったとか、本当に他愛のない話です。娘の話があまりにおかしくて、立ち会いの刑務官が必死に笑いをこらえていることもありました。そうやって明るく励ましてくれた家族には、本当に助けられました。

起訴されてから二回行った保釈申請は認められず、一〇月になって、弁護団が三度目の保釈の申請をしてくれました。裁判所は一度保釈決定を出したのですが、検察側が準抗告をして、猛烈に反対しました。その理由ですが、被告人はマスコミに追いかけられているので、逃亡する恐れがある、というのです。さらに、調書に署名を拒否したことがあるとか、上司の立場で職員たちに圧力をかけて証拠隠滅をするのではないか、とも書かれていました。私は、自分のことが報道で出てから逮捕されるまでにたっぷり時間があったわけですから、「圧力をかけるつもりでいるなら、その間にとっくにかけているわ」と、怒るよりむしろ笑ってしまいました。

残念ながら、保釈決定は取り消されてしまいました。それでも、この時点では私もまだ元気だったのですが、一一月になって気温がだんだん下がってくると、この石造りの建物は冬には相当寒くなりそうだというのが分かってきました。一月から裁判が始まるのに、体調管理ができるかしらと、不安に感じ、できるだけ早く出たい、という気持ちが募ってきました。四度目の保釈申請でもやはり検察は反対しましたが、裁判所が保釈を認めてくれました。検察がまたも準抗告しましたが、この時は保釈が維持されました。ただ、保釈金は一五〇〇万円という高額。複数の定期預金を解約するなどして、調達してもらいました。

ようやく勾留が終わる

一一月二四日午後七時過ぎ、拘置所を出る間際、職員が「村木さん、ここ（拘置所）を出てからの方が大変よ。ここの生活も大変だったかもしれないけど、ここはほんとに安全なんだから」と声をかけてくれました。実際、そのとおりでした。

タクシーで拘置所を出ると、雨の日だったのに、カメラを持った報道陣がたくさん待ち構えていて、あっという間に車が囲まれました。車の前に立ちはだかる人、車の窓にカメラを押しつけてフラッシュを焚く人……。仕方がないと腹をくくって、できるだけ平然としていようと思いました。運転手さんは、さすがプロで、尾行してくる車はすべてきれいにまいて、ホテルまで運んでくれました。

勾留されていた期間は一六四日間。その期間を数字でまとめると、こうなります。

面会に来てくださった方　約七〇人
いただいた手紙　約五〇〇通
体重　六キロ減
読んだ本　一五〇冊

ホテルで一泊し、翌日、記者会見を行いました。弘中弁護士が、「記者会見をやるので、その後追いかけ回したり家に押しかけるのはやめてほしい」とマスコミに申し入れたのです。大阪の友人が、プロのメイクさんを連れてきてくれて、髪をきれいにしてもらい、久しぶりのお化粧をしてもらいました。娘が夏休みを大阪で過ごした時も、地元の方には、本当にお世話になりました。

記者会見には、夫も一緒に出てくれました。この時の記者の質問は丁寧でした。事件の問題点が少しは理解されてきたのかな、と思いました。記者たちは約束を守り、その後は追いかけられるようなことはありませんでした。やはり会見はやってよかった、と思います。弁護団は、その後も裁判のたびに記者に論点を詳しく説明するなど、報道の対応も引き受けてくれました。

保釈になった時、女性の弁護士さんにこう言われました。

「村木さん、家に戻ったら、子どものお弁当を作ろうとか、掃除をしようと思ってるでしょ？　でも、一ヵ月は何もしない方がいいわよ。絶対に疲れているんだから」

そのとおりでした。まず、拘置所の中ではずっと座っている生活だったので、足が弱っていました。駅の階段も一気に上がれないほどでした。人としゃべる機会が少ないので、のども弱っているのには驚きました。それに、本当にマスコミに張られていないかと気になって、外に出るのが怖い状態もしばらく続きました。この間は、買い物は家族にしてもらっていました。

私がいない間、ベランダの鉢植えは夫が一生懸命水やりをしてくれていたのですが、最後の一ヵ月、また海外出張があり、すべて枯れてしまいました。植え替えなければ、と思いながら、なかなか気力がわいてきませんでした。実際に体が動いたのは、五月のゴールデンウィークに入ってから。半年間拘置所に入っていて、外に出て身体が回復するのにやはり半年かかったわけです。

「身柄拘束」が強いる苦しみ

逮捕、勾留といった厳しい出来事から心が回復するには、さらに時間がかかるようです。無罪が確定して職場に復帰した当初は、マスコミに追いかけられた場所の近くを通ると一年以上たっているのに心臓がドキドキしました。当時、立ち入り禁止区域にまで入り込んで待ち伏せをされ、慌てて走って逃げた場所です。その時に、心臓がドキドキし、息ができず、手足がガタガタと震えたことを思い出してしまうのです。

そういった恐怖感は、日が経つにつれ、仕事の忙しさに紛れて薄まっていきました。ところが職場復帰をしてかなり時間がたったころ、不思議なことに気づきました。悲しいことやいやなことがあっても落ち込まない。大きな経験をしたから動じなくなったのかなと思っていたら、うれしいことがあっても大喜びしていないことに気づきました。どうやら、拘置所にいる間、感情を抑え込んでいたせいで、感情の振れ幅が狭く抑え込まれてしまったようです。そんな状態がしばらく続いた後、大きな法案を担当して、国会対策に走り回る中、アドレナリンがわーっと出て、目に見えないガラスの壁が破れたように、本当の感情が戻ってきた瞬間を経験しました。事件から三年近く経っていました。

「これでもう大丈夫」と思ったのですが、まだそうとも言えないようです。先日、法制審議会特別部会で、身柄拘束の大変さを、自分の経験を紹介しながら話していると、急に声が震え涙が出そうになってしまいました。まだこういうことが起きるのかと驚きました。これが、「身柄拘束」というものだと思います。

私は、起訴と同時に接見禁止が解け、短時間とはいえ毎日面会があり、手紙も来て多くの人と接することができました。とても恵まれた立場でした。それでも、この時のトラウマはずっと残るのです。社会から隔絶されたうえに、接見禁止が続いて、ずっと人と普通に話せない状態に置かれれば、感覚が狂ってしまうでしょう。判断力が通常のように働かなくなる恐れは、十分あると思います。長期間拘束されれば、釈放された後にも、長く影響が残るでしょう。

上村さんは、私より拘束期間は短かったですが、四〇日間連日取り調べがあったので、本当にきつかったと思います。上村さんは、勾留がこれ以上続くのが恐ろしく、断腸の思いで私の関与を認める調書にサインをしたと、その間の苦悩を切々と被疑者ノート（253ページ参照）につづっています。それを見れば、「身柄拘束」がいかに厳しい基本的人権の制約であるか分かるはずです。しかも、勾留が虚偽の自白や供述を得る道具として利用されているのは、明らかです。

「身柄拘束」は、それ自体が「罰」だと思います。裁判官や検察官、学者や国会議員など、制度を考える人たちの多くは、身柄拘束をされたことがないので、なかなか実感が持てないかもしれませんが、私は、なぜ裁判も始まっていないうちから、このような「罰」を受けなければならないのかと思います。「身柄拘束」については、もっとルールを明確にし、厳格に行うべきです。

コラム

冤罪の温床となっている〝人質司法〟

江川紹子

「人質司法」という言葉がある。捜査機関の見立てに沿った供述を引き出すために、身柄拘束が利用されている日本の刑事手続きの問題点を端的に指摘する表現だ。犯罪の嫌疑をかけられた時、日本では被疑事実を否認すると、自由を奪われる可能性が高まる。たとえば、逮捕される。逮捕・勾留中の人が、別件で再逮捕されたり、起訴後の保釈が遅れたりする。保釈を決めるのは裁判所だが、検察官が強硬に反対すると、なかなか認められないのが現実。また、裁判で否認すると、「反省していない」と受け止められて実刑判決が言い渡されることもよくある。

捜査機関は、この現実を最大限に〝活用〟する。取調官があからさまな取り引きを持ちかけなくても、単に「制度を説明した」だけで、取り調べを受けている者に対する心理的プレッシャーとしては十分だ。再逮捕や長期の勾留、実刑判決を回避したくて、取調官に迎合しがちになる。事実と異なる供述をしたり、供述と異なる調書に署名したり……。捜査機関の望む供述という〝身代金〟を支払って自由を取り戻しても、その後が大変だ。いったん調書が作られれば、裁判でそれを覆すのは容易ではない。

弁護人が被疑者に毎日接見しても、必ずしも効果はない。なぜなら、弁護人はいつ自由の身になれるか、依頼人に約束はできないからだ。一方の検察官は、それができる。拘束され、自由を渇望する者が、保釈を確約してくれる検察官の方が弁護人より頼りになるように思ってしまうことは、珍しくない。

「郵便不正事件」でも、「人質司法」は存分にその〝効果〟を発揮した。上村勉元係長が、検察側のストーリーに沿った調書の作成に応じ、その後も撤回できずにいたのは、身柄拘束が長期に及ぶ恐怖からだった。他にも、ある被疑者は「刑務所に行きたくないだろ?」とささやかれ、「任意」で事情を聞かれていたはずの参考人は「一泊でも二泊でもしていくか」などと言われた。保釈で便宜を図る取り引きがあったと述べている者もいる。

特捜部の事件ならではの事情もある。特捜事件では、政治家や企業のトップ、高級官僚などが、しばしば取り調べ対象となる。そうした人たちの身柄拘束は、会社の経営や役所の組織全体、政局などにも大きな影響を及ぼしかねない。捜査が拡大し、支援者や取引先などの家宅捜索や取り調べが行われれば、多くの人に迷惑をかけることになる。検事は、被疑者のそうした懸念や不安を巧みに突いて、身柄拘束の長期化や捜査の拡大を避けるためには、検察の筋書きを受け入れるしかないと、抵抗を諦める心境に導いていく。

そうやって不本意な供述調書が作成された、と語る取り調べ経験者は少なくない。そんな中、村木は否認を貫いた。逮捕当初、どうしても調書の訂正に応じない検察官に根負けして不本意な調書を作成されたことはあるが、事件への関与を認める調書はただの一本も作らせなかった。

それに対する検察の報復は露骨だった。「凜の会」関係者や虚偽の証明書を作成した係長は、起訴後速やかに保釈になったが、村木一人がその後も拘置所に留め置かれた。検察が保釈に強硬に反対したからだ。絵に描いたような「人質司法」であった。

「人質司法」が冤罪の温床になっていると批判されて久しい。なのに、なかなか改まらないのは、身柄拘束を取り調べに利用する捜査機関の問題はもちろんだが、検察の意見に影響され過ぎる裁判所に最大の責任がある、と言えるだろう。（敬称略）

第三章　裁判で明らかにされた真相

堂々と闘いたい

二〇〇九年一一月二四日に保釈になってからは、家事をしながら、裁判の準備をしていました。公判で一人ひとりの証人にどういうことを弁護人から聞いてほしいか書き出してみたり、弁護団が作った質問項目に意見を言ったり、裁判の冒頭の意見陳述をどうしようか考えたり……。やることは、たくさんありました。

弁護団はプロの集団なので、それなりに自信があったようですが、私は、裁判は初めてなので、見通しはよく分かりませんでした。あれだけ、検察のストーリーに従った調書を取られた人たちが、公判でどういう証言をするのかも、皆目見当もつきませんでした。ただ、密室での取り調べと公判では、大きな違いがあることは分かりました。

密室での取り調べでは、検察と取り調べを受ける側の〝勝負〟は、検察の勝ちか、よくて引き分けにしかなりません。他の人の調書を元に誘導したり、身柄拘束すると脅かしたり、逆に早期の保釈をほのめかしたり、あらゆる手を使って検察のストーリーに合った調書にサインをさせようとします。そして、閉じられた密室なので、どんなやりとりがあったのかは本人たち以外誰にもわかりません。また、検事が原案を作るので、私の関与をしっかりと否定し続けてくれている職員の調書も、「彼女はやってないはずです」というものにはなりません。「他の人はやったと言っているかもしれないけれど、自分は見てません、知りません」という調書がせいぜいです。一方、裁判になれば、公開の場で公正に証言が行われますし、検察側の証人に対しても、主尋問の後に弁護側が反対尋問をするので、的確な弁護側の質問によって被告人にマイナスの証言もイーブンのところまで持ち直すこともできる、ということでした。

弁護団とは、裁判の内容だけでなく、いろいろなことを話し合いました。たとえば、裁判の冒頭に報道のカメラが入ります。その時、裁判官、検察官、弁護人はそれぞれの席に着いて映るわけですが、そこには被告人はいません。被告人が法廷に入る前に、撮影が行われるからです。そのため、世間は無意識のうちに、悪いことをしたやつは顔を隠したいのだ、と受け止めてしまいがちです。自分が映っても構わない、という被告人は、堂々と映ればいいではないか、と思います。その方が、世間の印象も変わっていくような気がします。

逮捕された時も、保釈された時も、私は顔を隠さないと決めていました。逮捕されて拘置所に移送される時には、同行した女性の職員がそっとマスクを渡してくれて、「お使いになるかならないかは、村木さんの判断で」と言ってくれました。幸い、このときはカーテンがあり外からは見えない車だったので使う場面はありませんでした。保釈の時には、弁護士が帽子やマスクを持ってきてくれました。でも、どちらも使いませんでした。できるだけ隠れないで堂々としていたいと思いました。検察は、マスコミを利用して「やっぱり役人って悪いことするよね」「官僚って悪いよね」というイメージを流布しようとしていたと思います。「逃げる」「隠れる」という行為はその印象を一層強めます。そこから何とか脱したかったのです。もちろん、テレビに映りたかったわけではありませんが。そういう私の思いを、弁護団は真正面から受け止めて、いつも一緒に考えてくれました。

結局、報道のカメラには、弁護団と一緒に裁判所の敷地に入っていくところを撮ってもらうことになりました。初公判を前にした記者会見もやりました。このようなマスコミへの情報提供については、慎重論もありましたが、検察も情報を流すだろうから、こちらもきちんと対応して、フェアな報道を求めていく方がよい、ということになりました。記者会見の翌日の新聞では、双方の言い分がしっかり書かれていました。それまでは、九対一くらいの割合で検察情報が多かったように思いますが、これからは五分五分で書かなければ、という意識は出てきていたように思います。

「私は無罪です」

一〇年一月二七日の初公判は、とても緊張しました。法廷に足を踏み入れたのは、その日が生まれて初めて。事前に、私はどこに座って、どこに出て、裁判長から何を聞かれて、どう答えればいいのか、ということを教えていただいていて、その手順でほとんど頭がいっぱいでした。意見陳述は事前に用意した書面を読み上げたのですが、本当にふわふわしていて、地に足がついていない感じでした。

起訴状に対する意見陳述では、「私は無罪です」と言いましたが、この表現も、弁護団と相談しました。マスコミなどに話をする時には、「無実」という言葉を使っていたのですが、裁判での勝ち負けは、必ずしも「無実」かどうか、ではない。裁判のルールで決められるのは、有罪か無罪か。だから法廷では、私もそのルールに従って主張をしていきましょう、ということにしました。

それに、「無実」だからといって無罪になるとは限らない。有罪判決が確定した人の「無実」がずいぶん後になってから判明して、再審でやっと無罪が認められた、というケースも、いくつもあります。「無実」だから必ず無罪が勝ち取れると思うと、最後にそうならなかった時に辛い。最後に決めるのは裁判官、そして、裁判官は神様ではないので、やはり不確実なところがあります。どういう結果が出ても自分が壊れてしまわないように、というのは、私としては大事なことでした。確実でないものにすがって、それがうまくいかないで絶望するのは避けたかったのです。

裁判の結果がどうであろうと、私が「無実」であることは変わらない。裁判所で闘う以上は、「無実」を社会に証明する方法として、「無罪」を目指す。でも、たとえ悪い結果が出たとしても、がっかりすることなく、最後まで闘う。そんな思いを込めて、「私は無罪です」と言ったのです。

問題の証明書作成に関して、共謀も指示もしたことはなく、一切関わっていないと起訴事実を否認して、次のように述べました。

〈私は、これまで、公務員という自分の職業に誇りを持ち、また、公務員として国民から信頼を得ることを大切にして、仕事に従事してきました。そうした中で、与党であれ、野党であれ、有力議員といわれる方であれ、国会議員から依頼を受ければ法に反することも引き受ける、などということは、ありえません〉

このあたりまでは、緊張で体がふわふわしている状況が続きましたが、検察側の冒頭陳述を聞いているうちに、強い怒りが湧いてきました。逮捕された後の取り調べで國井検事が話していた最初のストーリーと、ほとんど寸分たがわぬ筋書きでした。あの後、フロッピーのプロパティの発見があって、検察側のストーリーでは日付が合わないということを公判前整理手続で指摘して、我々弁護団の主張も分かったわけです。それで、少しは方針を軌道修正するのかと思ったら、全然できていなかった。このまま、あのストーリーで突き進むのかと、憤りのあまりアドレナリンが出てきて、お陰でふわふわしていた気持ちが落ち着きました。このストーリーとこれから闘うのだと、敵の姿がはっきり見えたので、気持ちが定まったのです。

検察側冒頭陳述でも、私が上村さんに「指示」したという日時は「六月上旬」というだけで、特定されていませんでした。検察官の冒頭陳述が終わると、弘中弁護士がやおら立ちあがって釈明を求めました。

「六月上旬のいつの日のことか」

検察官は、「証拠上、特定できないものは記載していない」と言うだけで、日時をはっきりさせようとしませんでした。

弁護側の冒頭陳述では、私が法を逸脱して証明書の不正な発行に踏み切る理由はないこと、上村さんが自身の裁判の公判前整理手続で「独断で行った」と述べていることなどを挙げて、検察側のストーリーを厳しく批判しました。特に、フロッピーのプロパティから、証明書の作成日時は六月一日未明であり、「六月上旬」に私が指示したとする検察側主張は「破綻している」と断言しました。

調書と食い違う証言

二月、三月に集中して証人尋問が行われるので、裁判所の近くにウィークリーマンションを借りました。膨大な資料を持って往復するのは大変なので、荷物置き場兼滞在場所です。ゴミ出しや買い物などは大変ですが、それでもホテルよりリラックスできました。

証人尋問は二月二日の第二回公判から始まりました。まず、検察側証人として、三日連続で、凜の会の幹部二人に対する尋問がありました。いずれの証人も、基本的には検察側のストーリーに沿う証言をしましたが、調書の内容と食い違ったり、検察側の主尋問と弁護側の反対尋問で言うことが変わったり、曖昧な言い方も多くありました。取り調べの時に、意に沿わない供述をすると、検事が声を荒らげたり、机を叩いたりして、事実を押しつける場面があったことも明らかになりました。

倉沢さんは、私には二回会ったと述べました。調書では四回会ったと言っていたのですが、そのうち最初に私に挨拶に来たという点（事件の「入口」）と、最後に私から証明書を受け取ったという場面（事件の「出口」）だけ証言を維持し、後は「（供述調書は）事実と違う」といって否定しました。

調書では最初の挨拶の時に私が言ったことになっているセリフも、実は上村さんの前任の係長のものであり、私とはほとんど会話をしていないと述べるなど、調書の内容とはずいぶん異なる証言でした。検察側のストーリー通りの調書にサインしたのは、取り調べ検事から、厚労省の関係者はみな認めていると言われ、さらに「新たに裁判員裁判が導入されたので、平易な調書が必要だ」と説得されたから、と言うのです。もちろん、この裁判は裁判員裁判対象事件ではありません。

白井検事が供述調書を読み上げて尋問しても、「署名はしたけれど、事実とは違います」という証言が続きました。たまりかねたのか、白井検事が「取り調べで暴力をふるわれたり、脅かされたことはありましたか？」と聞く場面もありました。

その時の白井検事と倉沢さんのやりとりは、とても興味深いものでした。

倉沢「暴力はありませんが、何回かテーブルを叩かれたことはありました」
白井「どんな時にテーブルを叩かれたのですか」
倉沢「同じ内容で間違った返事をしたときです。つまり、最初の質問でそのとおりです、と言って、後で、いやそれは違います、と言い直したときとかです」

検察の見立てに合う供述が「答え」であり、それに合わない内容は、それが事実であったとしても、「間違い」という取り調べだったのでしょう。

また、弘中弁護士の反対尋問に対し、倉沢さんは最初、裁判の前に検察官と事前の打ち合わせを行ったことを隠していて、その点を指摘されると、「打ち合わせ自体がいけないことだと記憶していた（ので隠した）」と弁明しました。打ち合わせをしたことをやましく感じるような状況があったのでしょうか。ご自分の裁判のこともあり、事件の「入口」と「出口」の部分について、検察から「これだけはちゃんと言うように」と事前に強く指示されて、断れなかったのかもしれません。見たところ、いかにも人のよさそうな、ちょっと頼りない雰囲気のおじいさんで、公判でも、言うことがどんどん変わってしまいます。そういう人の、はっきりしない話を使って事件を作り上げ、私を逮捕・起訴したのか……と思うと、検察に対する怒りがさらに高まりました。

しかも、ようやく維持された「出口」についての倉沢証言は、明らかに客観的事実と矛盾するものでした。彼は、調書でも法廷でも、証明書を受け取ったとする時の状況を説明しています。それによると、自席にいた私の正面に、机をはさむ形で倉沢氏が立ち、まるで表彰状を授与する時のように、双方が両手で証明書を受け渡したそうです。

ところが、当時の私の机の前には、人の背丈より少し低いくらいの衝立《ついたて》があり、その向こうには奥行き30センチほどのスチール製キャビネットが置いてありました。とても、机をはさんで私と向き合う位置に人が立つことはできません。

にもかかわらず、このような証言がなされたのは、検察側が厚労省内の実況見分もやらず、私の執務環境をまったく知らなかったためでした。偽造した証明書を依頼者に渡す、つまりまさに犯罪が行われたと自らが主張する現場を確かめることさえ、検察側はやっていなかったのです。ストーリーに沿った供述調書を作成し、それと同趣旨の法廷証言さえ得られればよく、客観的な事実をいかに軽視していたかが、この一事からもよく分かりました。

一方の弁護団は、現場の調査を行い、写真や見取り図をつけた調査報告書を作成し、検察側の主張が客観的事実と矛盾することを裏付ける証拠として提出しました。

証人尋問は、もっぱら弁護士が質問する、私はやりとりをただ聞いているだけです。それでも、その内容に嘘や矛盾はないかと集中して聞くので、かなりくたびれます。三日連続の裁判が終わった時には、頭が痛く、家に帰って量ってみたら体重も減っていました。

六人態勢となった検察側

二月八日の第五回公判に出廷した塩田元部長は、調書の内容を全面的に撤回する証言を行いました。取り調べ検事からあると言われていた通信記録が、実はないことが分かり、「そもそも事件自体が壮大な虚構ではないかと感じるようになった」と証言。その直後、記者席でメモを取っていた記者たちが、何人か法廷を飛び出して行ったのが印象的でした。

裁判官から「それでは、あなたの記憶にある確かなことは何ですか」と聞かれ、塩田さんは「事情聴取を受けたことと、今ここ（証人席）に座っていること。それだけです」と答えました。結局、私の関与を認めた詳細な調書は、無から有が生み出された結果だったのです。

この塩田さんの証言は、検察にとって衝撃的だったのでしょう。次の裁判から、検察官席に捜査の主任検事を務めた前田恒彦検事と大阪地検公判部副部長の吉池浩嗣《よしいけひろつぐ》検事が加わり、なんと六人の検察官団になっていました。

検察側は、第二回公判から厚労省関係者の事情聴取を行った海津祐司《かいづゆうじ》検事と、やはり郵便不正事件の捜査に関わった塚部貴子《つかべたかこ》検事が立ち会うようになり、第四回からは私の取り調べを担当した遠藤裕介検事が加わっていました。当時はなぜか分からなかったのですが、あとで聞いたところによると、初公判の報道を見て、大坪弘道《おおつぼひろみち》・大阪地検特捜部長が特捜部の検事の立ち会いを指示したそうです。ちょうどこの頃、前田検事によるフロッピーの日付改竄疑惑が地検内で大きな騒動となっていたことも影響していたのかもしれません。そして、塩田さんの証言にますます危機感を強めたのでしょう。

リクルート事件の江副浩正《えぞえひろまさ》さんの初公判では、国会議員を含めて四人の被告人に対し、検察官は七人だったと聞いています。陸山会《りくざんかい》事件では、石川知裕《いしかわともひろ》衆院議員など三人の被告人に対して、検察官は四人だったそうです。このような他の特捜事件と比べてみても、たった一人の被告人に、六人もの検事を揃えた大阪地検の対応は、異様でした。

弁護団は、「そこまでこの事件に税金を使うのか」と呆れていました。私は、ものすごい圧迫感を感じました。巨大な組織がチームを組んで向かってくるようで、恐怖を覚えました。私には六人の弁護士さんがついていましたが、彼らがいかに優秀でも、それは個人が集まった小さなチームです。この恐怖に負けてはいけない、しっかりしなければと、気持ちを奮い立たせなければなりませんでした。

吉池副部長は最後まで法廷では発言をしませんでしたが、裁判を傍聴している記者たちを集めては、検察は決して劣勢ではなく、有罪判決に自信を持っている、ということをレクチャーしていたと聞いています。そのために、検察には何か〝隠し球〟があるのではないかと最後まで思っていた新聞記者も少なくないようでした。捜査段階には、上村さんの取り調べの内容などがマスメディアに伝わるなど印象操作が行われていましたが、裁判になってからも、検察はメディアをコントロールしようと一生懸命だったようです。

上村さんの供述

五人の証人尋問が終わりましたが、供述調書のとおりの証言をする人は誰もいませんでした。

そんな中で、上村さんの証人尋問が始まりました。

上村さんが、自分の裁判の公判前整理手続で「証明書の作成は自分の独断で行った」と述べているることは、弁護団を通じて聞いていました。ただ、検察は彼の弱い部分を知り尽くしているわけで、どんな形で彼を責め立てて追い込んでいくのか、それに彼は耐えられるのか、ということは、とても心配でした。私自身の裁判への影響はもちろんですが、この証言は、彼の人生のためにも重要だと思いました。ここで、もう一回、検察の圧力や誘導に負けてしまったら、負け癖がついてしまいかねません。今後の人生のことを考えて、この証言を立ち直りのきっかけにしてほしいと、見守るような気持ちでした。

そうしたら、彼はとてもしっかり、一生懸命証言をしたので、ほっとしました。考えてみれば、この時の上村さんは、あのフロッピーを抱えさせられていました。その時点では検察の改竄とは分からず、何かのワナではないかと思いたくなる不気味な状態でしたが、そんな中で、よくがんばったと思います。

証言内容はとてもリアルで説得力がありました。上村証言によると、証明書が凜の会に渡った経緯は次のようなものでした。

私（上村）は、二〇〇四年四月に、厚労省障害保健福祉部企画課社会参加推進室の係長に異動になった。前任者から、凜の会についての引き継ぎはなかった。この会のことを知ったのは、会から証明書を早く出してほしいと督促する電話があったからだと思うが、はっきりしたことは思い出せない。その頃の私は、初めて予算を担当したこともあり、自分の業務内容を把握するので頭がいっぱいだった。しかも、制度改革が目前に迫っていて、日々、とても忙しかった。そのため、この督促については、雑事として後回しにしてしまった。最初はわずらわしいからと先送りし、それがにっちもさっちもいかなくなると、一刻も早くこの案件を目の前から消してしまいたいと思った。今回の事件は、面倒なことを先送りしてしまう自分の性格に起因すると思っている。

また督促があった時には、とりあえず凜の会側をなだめようと、作業をやっているという形を見せる稟議書を作ってFAXしたが、これ以上先送りできないという状況になり、証明書さえ出せばことは終わるんだろう、という気持ちになって、自分一人で作ってしまった。上司には相談していない。誰にも相談できないうちに、何もかも自分で抱え込んで、にっちもさっちもいかなくなることは、それ以前にもあった。これも、自分の性格が原因だと思う。

NPO法人・障害者団体定期刊行物協会からの証明書交付願もあり、凜の会が怪しい団体とは思わなかった。障害者団体が、証明書を悪用して金もうけをするなどの悪いことをするとは考えたこともなかった。郵便料金が負担で困っているなら、証明書を出してあげましょうと、そういう感覚だった。適正に使われると信じていたので、黙っていれば何の問題にもならず、バレない、と思っていた。

作ったのは、五月三一日の深夜から六月一日の未明にかけて。作業は、自席のパソコンで行った。なぜ、証明書の日付を五月二八日付にしたのかは、覚えていない。六月一日の朝早く、誰も来ないうちに出勤してプリントアウトし、企画課の印鑑を入れてあるボックスから課長の公印を取り出して押した。私の方から凜の会側に「証明書ができた」と連絡したと思う。

凜の会の河野克史《こうのただし》さんと、厚労省と地下通路でつながっている弁護士会館の地下にある喫茶店「メトロ」で待ち合わせた。後ろめたいので、なるべく厚労省の建物に入れたくなかった。会って、アイスコーヒーか何かを注文し、証明書を渡した。会っていたのは一〇分程度のもの。とにかく証明書を渡して一刻も早く戻ってきたいと思っていたのは覚えている。サンダルばきで行って、走って帰ってきた。

証明書を渡した場面などは、とても具体的で、自分の生の記憶を話しているのがよく分かりました。

調書についても、「検察官の作文です。いくら自分が単独でやったと言っても、聞いてもらえなかった」「村木課長と私の会話が生々しく再現されていますが、それはでっち上げです」とはっきり証言しました。

國井検事の態度についての次のような証言内容は、同じ人から取り調べを受けた者として、非常によく分かりました。

「(國井検事は)私を自宅から連れていく時も紳士的でしたし、優しいというか、普通の人でした。ただ、僕が言う話は、聞いてメモする時と、そうでない時が、はっきりしていました。自分の興味のあること、都合のいいことはメモにするけれども、私の言っていることをきちんと書いてはくれませんでした」

「厚労省のノンキャリアとキャリアの違いとか、そういうことは結構興味を持ってメモしていました。どういうふうに役人が出世していくのか、そういう話は興味を持って聞いていたように思います」

「(独断でやったと)ちゃんと説明しているんだけど、聞き流してる。うなずいているんだけど、いざ調書のときになると、何もそのことについて書かれていない」

「物静かで、殴ったり蹴ったり脅迫したり、というようなことはないんですけど、僕の話していることを聞いてくれないんです。書いてくれないんです。信じてくれないんです。『具合が悪かったら言ってね』とか『眠れてる？　食事とれてる？』とか気遣ってくれるのに、肝心の僕の話は聞いてくれない。何でそういうふうに、そこだけ冷たいのか、今でも分からない」

不本意な調書が作られていく過程については、時に泣きながら、語りました。いくら事実を語っても受け入れられない。自分の知らない情報をどんどん教えられて混乱していく。自分以外はみんなが村木の指示を認めていると言われ、記憶に自信がなくなる。そんな中で、検事が望む調書を作らなければ、家に戻れないのではないかと、次第に追いつめられていくプロセスが伝わってきました。法廷では、被疑者ノートの一部が読み上げられ、取り調べの状況や上村さんの当時の精神状態がどのようなものであったかが、克明に明らかにされました。

上村さんが、事実と異なる調書の作成に応じてしまった自分自身を責め続けていることも、言葉の端々からにじみ出ていました。

「どうしても、自分が一刻も早く拘置所から出たいという、他人を犠牲にしてでも、自分のことばっかり考えるようになっていく、そういう卑しい自分になりました」

裁判を傍聴していた次女が、こう言いました。

「上村さんに、『もう怒ってないよ』って言ってあげたい」

この言葉が、うちの家族の気持ちを代表していると思います。

上村さんの証言で、裁判は一つの大きな山を越えた、という感じがしました。

はじめからすべて嘘だった

次の大きな山は、石井一参院議員の証人尋問でした。最初のうちは、多忙な国会議員の先生に、証人として来ていただくのは無理だろうと思っていました。検察側も、公判前整理手続の当初は、本気にしていませんでした。それでも、弘中弁護士が「動いてみないことには、無罪を証明する証拠なんて見つからないよ」と言って、とにかく石井議員に証人になってほしいとお願いしてみることにしたのです。

そして、弘中弁護士が石井事務所を訪ねた時に、とんでもないことが分かりました。検察側の主張では、凜の会の倉沢氏が石井議員の事務所を訪ねて口添えを頼んでいるはずの〇四年二月二五日午後一時に、石井議員は事務所ではなく、ゴルフ場にいらしたのです。

石井議員は、神戸市の事務所に保管してある手帳の該当ページをわざわざＦＡＸで送らせて、弘中弁護士に見せました。手帳には、石井議員が会った人はすべて記録されていました。問題の日に、倉沢氏の名前はなく、欄全体に斜線が引いてありました。ゴルフに行くつもりで、予定を入れないように、斜線を引いてあったのでした。ゴルフに一緒に行ったメンバー、スコア、ティー・オフの時間などが書かれていました。当時石井氏は衆議院の決算委員長でした。この日は、本予算を衆議院本会議に上げる直前で、全大臣と各省庁の主な幹部は全員が予算委員会にはりついている状態だったので、決算委員会はなく、千葉県成田市のゴルフ場まで出かけた、ということでした。

初公判の日に弘中弁護士からこの話を聞いて、私はとてもショックを受けました。検察の主張にしては珍しく、二月二五日に関する主張については、裏付け証拠がありました。倉沢さんの手帳のこの日の欄に、「13時　石井」と書いてあったのです。それで、私は石井議員が倉沢さんに会ったのは事実だろう、と思っていました。けれども、口添えの依頼を引き受けなかったのか、引き受けたフリをしてそのまま放置していたのか、どちらかだろうと考えていたのです。ところが、倉沢さんが石井議員に会って頼んだことも、嘘でした。検察のストーリーは、出発点からすべて虚偽だったのです。

石井議員は、〇九年九月一一日に検察側から事情聴取を受けています。私が起訴されてから二ヵ月以上も経ってからです。証拠開示でこの調書を入手し、この日付を見たときには心底がっかりしました。私は、塩田さん経由で石井議員の頼みを受けて違法な行為をした、として逮捕されたのに、検察は、肝心の石井議員に何の話も聞かないまま、私を起訴したのでした。

この九月一一日に事情を聞いたのは、主任の前田恒彦検事でした。石井議員はこの事情聴取の時に、数年分の手帳を持参したが、机の上に並べた手帳に、前田検事はほとんど関心を示さず、手にとってぱらぱらとめくっただけだった、とのことでした。この時に、ちゃんと確かめていれば、この日に石井議員が倉沢さんに会っていないことは、分かったはずです。

崩壊する検察ストーリー

石井議員が証言をした第一一回公判（三月四日）、傍聴席は満杯でした。その前で、石井議員は塩田さんへの口利き電話をしたという疑惑を、きっぱりと否定しました。

「絶対にありえません」

「絶対に」という言葉に、力がこもっていました。

証言によれば、問題の日、ゴルフを終え、入浴を済ませてゴルフ場を出たのは午後四時頃。その後、赤坂の料亭に直行し、議員や業界関係者の懇談会に出席したということでしたので、ゴルフの後に倉沢さんの要請を受けた、ということもありえません。

私は、石井議員の名前や顔は存じ上げていましたが、間近でお会いするのは、この法廷が初めてでした。石井議員は、塩田さんについても、「いろんな役人にいろんな所で会っているかもしれないので、会った事実はあるかもしれないが、覚えていない」と証言されました。もちろん、塩田さんに口添えの電話をしたことも、否定されました。

検察側の反対尋問には、前田検事が立ちました。それまで一度も発言することもなく、いつも後ろの座席からにらみをきかせているだけで、存在感がありました。ところが、石井証言を揺るがす事実を持っていないだけでなく、証言を突き崩そうとする気迫も感じられなかったのは意外でした。

一方、追加の反対尋問を行った白井検事は、何とか石井証言を突き崩そうと懸命になっていました。しかし、逆効果でした。たとえば、こんなやり取りがありました。

白井「倉沢は、はっきり石井先生に口利きを頼んだと証言している。心当たりは？」
石井「まったくない」
白井「倉沢はなぜそういう証言をしていると思うか」
石井「私は誰かに恨まれるようなことはしていない。彼も、私のことはある程度尊敬していたと思う。そういう証言をしているとすれば、『こういうことだから認めろ』と（検事に）言われて認めたんじゃないですか」

こんな場面もありました。白井検事が、質問の頭に「その日はインのスタートで……」と言いかけたところで、弘中弁護士がすかさず立ち上がり、異議を申し立てたのです。

「その日にインとアウトのどちらでスタートしたのか、証拠に出ていません」

尋問が終わった後、弘中弁護士は再び立ち上がって、こう言いました。

「インからスタートしたと分かっているのは、検察官はゴルフ場に照会をしているんですよね。その結果を開示してください」

弁護側は、あらかじめ石井議員の手帳を証拠申請していました。その立証趣旨の中に、当日はゴルフをしていた、という点が書かれていたので、検察は慌てて調べたようです。

弘中弁護士に指摘されて、白井検事はとたんにしどろもどろになって、「捜査中です」と言うだけ。さらに問い詰められると、「(問い合わせはしたが)現時点では証拠になっていない」と、照会したことを認めました。その二人のやりとりを横田裁判長が引き取って、静かにこう尋ねました。

「書面化して証拠開示するということですか?」

白井検事は、しぶしぶ「開示するにやぶさかではない」と述べました。

後日、開示された書面には、石井議員がご自身のカードで支払いをした証拠まで添付されていました。石井議員の手帳には書かれていないことが、白井検事の口から出たことに、弘中弁護士が気づいて追及をしたから明らかになったものの、そうでなければ、ずっと隠されていたでしょう。捜査機関が税金を使って集めた証拠なのに、それが被告人に有利なものだと、できるだけ隠しておこうという検察の姿勢がここにも表れ、怒りを覚えました。

検察側は、自分たちに不利な証拠を隠そうとしたばかりでなく、被告人に有利な証拠を封じようともしました。弁護側が石井議員の手帳を、尋問の最中に示したり、証拠提出することについて、猛烈に反対したのです。公判前整理手続の際に提出しなかったのだから、証拠採用すべきでない、というのが検察の主張でした。

確かに法律では、証拠は公判前整理手続の間に請求しなければならないことになっています。ただ、「やむを得ない事由によって」公判前整理手続の期間内に請求できなかったものは、例外とされています。弁護側が、石井議員に実際に会って、手帳があることを知ったのは、公判前整理手続が終わってからでした。

弁護団は、そのことを述べて、これが「やむを得ない事由」にあたると主張しました。裁判所が、証拠採用すると決めた後にも、検察は異議を述べて抵抗しました。

このやり取りを聞いていて、検察というのは、「本当はどうだったのか」ということには何の関心もないのだな、と感じました。それより、自分たちの冒頭陳述を守ることに全力を傾ける。途中で新しいことが分かっても、自分たちのストーリーと違えば、一切無視して、自分たちの物語だけを守っていく。つまり、真実はどうあれ、裁判で勝つことだけが大事というのが彼らの行動原理だと、よく分かりました。

そして、公判でのこうした検察官の活動の中心になっていた白井検事も、このころすでに証拠改竄のことを知っていたことが、後になって分かっています。機会があったら、白井検事に、不正があったことを知りながら、いったいどういう気持ちで、公判活動をやっていたのか、聞いてみたいと思っています。ちなみに、このころ白井検事が居酒屋で「検事をやめたい」と愚痴っていた、という噂を後で聞きました。愚痴るだけでなく、本当の意味での検事の職業倫理にしたがって行動していてくれたらなあ、と思います。

検事全員がメモを廃棄

裁判は順調に進んでいましたが、私の緊張感はやわらぐことはありませんでした。公判が終わって家に戻ると、疲れでぐったりし、決まって頭痛に悩まされました。

証人尋問の最後には、取り調べを担当した六人の検事が出てきました。

それで分かったのは、被疑者や参考人の調書ができると、翌日には他の取り調べ担当の検事に配っていた、ということです。関係者の供述調書を共有していたわけです。

私は、ありもしないことについて、複数の人が細かいところまでまったく同じ供述をしているのをずっと不思議に思っていました。たとえば、倉沢さんを職員たちに引き合わせたという場面の私のセリフが、みんなの調書に載っています。それぞれ別の検事が事情聴取をしていて、しかも五年以上も前のことなのに、なぜこんなにもセリフがきれいに一致するのだろうか、と不思議でなりませんでした。

その謎がやっと解けました。誰か一人の調書ができると、それが検事たちに配られ、別の検事もすでにできている調書に合わせて調書を作る。そうやって、情報を共有しながら、共通のストーリーを検事全員で組み立て、整合性のある証拠を作り上げていく、まさにチームプレーです。これが、検察の作業のやり方なのだと、よく分かりました。

検事に対する証人尋問で、裁判官がとりわけ関心を示したのは、取り調べ時のメモがすべて廃棄されていることでした。出てきた六人の検事が、全員、取り調べ時のメモはすでに処分している、と答えました。

凜の会の河野さんの弁護人は、大声で怒鳴るなどの威迫的な取り調べがあったとして、検察に申し入れをしています。林谷検事は、副部長から注意をされたそうです。この時の弁護人の申し入れには、「メモ類については、くれぐれも廃棄しないように。廃棄すれば公用文書毀棄罪になる」という趣旨の警告も入っていました。取り調べを行った林谷検事は、弁護団の追及に、その申し入れ書を読んだことを認めました。最高裁の判例でも、取り調べ時のメモは証拠開示の対象になるとしている、と弁護団が指摘したのに対しても、林谷検事はうなずいていました。当然、そのような判例があることは、知っていたでしょう。にもかかわらず、公判前整理手続が始まった頃に、メモを廃棄していたのです。

証人となった検事たちは、廃棄の理由を「メモには個人のプライバシーに関することも書いてあったから」「メモの内容は供述調書に反映しているので、不要だ」などと述べました。それでも裁判官たちは、証人となった検事たちに、メモについて口々に問いただしていたのが印象的でした。客観的な証拠が少なく、関係者の供述が重要な事件で、その供述がなされた時期や経緯を判断する手がかりとなるメモを検事全員が廃棄していたのは、裁判官も異様に感じたのかもしれません。

國井検事も、検察側証人として出てきました。彼は、法廷に来る前に、これまでの裁判で出てきた証言の記録を全部読んでいたのでしょう。それと食い違わず、うまく適合するような形で証言をしていました。

上村さんは、國井検事から、厚労省の職員はみんな私と倉沢さんが会ったことを認めているなどと言われ、真実を決めるのは「多数決」だと迫られた、と語っています。そのことについて聞かれた國井検事は、こう述べました。

「多数決の話は、一般論として、上村さんから『裁判の事実認定の問題として、裁判官が三人いて、どうやって決めるんですか』という話があった。私は、『裁判官も三人いれば、意見が割れることもあるだろうから、多数決もあるんじゃないの』というような話をした」

明らかに嘘だと思います。私の取り調べでも、私に彼流の「多数決論」を展開していたのですから。でも、取り調べの状況を録音しているわけではないので、偽証と決め付ける証拠はありません。こういう話がすらすら出てくるのを見て、周到に準備をしているなあと感じました。私が一番腹が立ったのは、國井検事が上村さんのことを「狡猾」と言ったことです。

「彼は事実を供述した後も、やはり単独犯にできないかと、心が揺れ動いていた。被疑者ノートには私の話をうまく取り込んで書いているな、狡猾だな、と思った」

そして、家宅捜索の時に、フロッピーディスクは、当初の供述とは違う場所から発見されたとか、証明書を作成した日付を五月二八日と供述したとか、上村さんが記憶違いをしていたことなどを、あたかも最初は本当のことを隠していたかのように証言しました。

國井検事は、私の取り調べの時には、上村さんがいかにいい人で、まじめで純情でかわいそうなのかを繰り返し述べていました。「だから、あなたが指示したと認めなさい、あんないい人のせいにしたらかわいそうでしょう?」と。そういうことを散々言っていた彼が、法廷で、多くの人の前で、上村さんがいかに悪い人かを印象づける話をし、「狡猾」と称したのです。自分の聞き間違いではないかと、長い間、弁護側の席から國井検事の横顔を見つめていました。

こういう人にとって、真実とは何なのでしょうか。

それでも懲役一年六月を求刑

裁判の最後の山は、証拠の採否決定でした。検察側が申請した供述調書を、裁判所が証拠として採用するかどうかの判断です。検察が、最後に論告をする時には、裁判所が採用した証拠に基づいて主張を組み立てていかなければならないので、どういう証拠が採用されるかは、とても重要な山場でした。

私は、これまでの裁判での証言で、ある程度真実が明らかになったのに、この期に及んで検察側が上村さんや倉沢さんの供述調書を証拠として請求できる仕組みがある、と聞いた時には、ショックを受けました。検察官が作成した調書の内容が法廷での供述と異なる場合、調書の方が公判供述より信用できる特別な事情（特信性）があると認められれば、証拠として採用できる、という規定があるのです。あんなにひどい調書でも、証拠に採用される可能性がある、という制度に対して、えもいわれぬ不信感が湧いてきました。これだけ公判を重ねてきて、しかも証人には主尋問と反対尋問が行われて、傍聴人も見ている前で事件の真相が見えてきたのに、それを密室で作った調書で巻き返せるかもしれない、というのがすごく不思議で、違和感がありました。

結局、裁判所は検察側が請求した四三通の調書のうち、上村さんや倉沢さんの調書など、三四通を証拠採用しませんでした。決定文書はとても長いもので、裁判長が読み上げるのにも時間がかかりました。上村さんの調書が採用されないと分かった時に、記者たちがどっと飛び出して行きました。

裁判所は、上村さんの裁判での証言が被疑者ノートに書かれていることと符合していることを、とても重く見ていました。「多数決」についても、上村さんの証言を受け入れて、捜査の在り方を批判しています。検事が、私が事件に関与しているというストーリーを描いて取り調べに臨んだ、ということも認定しています。

検察側は、上村さんの調書は「具体的」で「迫真性」に富むから「特信性」があると主張してきましたが、裁判所はいくら具体的で迫真性があっても、客観的証拠と合わなければ慎重に判断しなければならない、とも言っています。これは、とても重要な指摘だと思いました。

一方、塩田さんなど、私と事件を結びつける供述調書が作成された厚労省関係者については、「特信性あり」として調書は採用されてしまいました。上村さんには被疑者ノートがあったけれど、塩田さんの場合は、法廷での証言を裏付けるものがありませんでした。ただ調書の内容を否定するだけではダメで、何かプラス・アルファの材料がないと、検察側の言うとおりに採用されてしまうのかもしれません。

検察側は、不採用になったものについて異議申し立てをしました。この時点では、無罪判決になった時には、控訴するつもりでいたのでしょう。その時に、裁判所がちゃんと証拠を採用してくれなかった、判断が間違っている、と主張する手はずとして、異議申し立てをしていたようです。

なので、この時点では、あと何年闘いが続くのか分からない、と思っていました。一区切りはついた感じはしましたが、まだ弁護団は最終弁論、私は最終意見陳述の準備に力を注がなければなりませんでしたので、ほっとする余裕はありませんでした。

多くの証拠が不採用になったので、検察側の論告は、ひどいものになりました。それでもまだ自分たちのストーリーにしがみつくしかなかったようです。

倉沢さんが口利きを頼んだという日時には、石井議員にはアリバイがあることがはっきりしたにもかかわらず、倉沢供述について「日時に関しては誤りがありえるとはいえても、石井議員に対する口添え依頼の存在という厳然たる事実に関する信用性まではゆるがせるものではない」と言い切っていました。どこが「厳然たる事実」なのでしょうか。

フロッピーのプロパティとストーリーの矛盾についての説明は、上村さんが〇四年六月一日未明にデータを作成したことは認めつつ、想像をたくましくして、こんな主張をしました。

〈(上村は)現実の(証明書の)発行については、逡巡していたところ、その後、被告人からの指示等で背中を押されて、公的証明書を発行するという最終決断に至ったという経緯が合理的

に推認される〉

なんら証拠に基づかない「推認」でした。

最後に、被告人を懲役一年六月に処すようにとの求刑を、前田検事が行いました。

最終弁論では、様々な証拠や証言から検察のストーリーがいかに不合理かを述べていただきました。最終意見陳述で、私は次のように述べました。

〈私は、本件の証明書の偽造には一切関わっておりません。

いわゆる「議員案件」というものに対して、役所が事の善悪を考えず、「結論ありき」で、法律や規則をまげて処理をするということは、実際の行政の実態とあまりにかけ離れています。

（中略）

私は、一日も早く無実であることが明らかになり、社会に復帰でき、「普通の暮らし」ができる日が来ることを心から願っています〉

もはや、いささかのためらいもなく、「無実」を訴えることができました。

コラム

〝特捜神話〟に毒されたマスメディア

江川紹子

マスメディアは、特捜部の見立てに沿う情報を、競うように報じた。

〈「厚労省現局長から証明書」元会長供述　本人は関与を否定〉

（二〇〇九年五月二七日付　読売新聞夕刊）

〈厚労省課長ら認識か「会議で報告」　証明書要望関係者証言〉

（五月二八日付　朝日新聞）

〈凜の会代表「厚労省幹部から証明書」　地検が任意聴取へ〉

（同日付　毎日新聞）

「課長」は証明書が偽造された当時の、「局長」は捜査が行われた時点での、村木厚子の肩書である。五月二六日に上村勉が虚偽の稟議書を作成した容疑で逮捕されたばかりだが、メディアの関心は、一介の係長ではなく、女性高級官僚、それもいずれは事務次官との呼び声も高い、村木へと向かった。

五月三一日から翌六月一日にかけては、村木のかつての上司だった塩田幸雄元部長の、「国会議員に頼まれた」とする供述が、各紙に載った。そして六月一一日には、やはり各紙が一斉に、上村係長が「作成した偽の障害者団体証明書は、当時の課長に渡した」と供述している、と報じた。

その報道ぶりからは、捜査機関がメディアに情報を漏らす「リーク」どころではなく、検察が各段階で世間に伝えたい情報を、積極的にレクチャーしていたことすら窺える。にもかかわらず、村木が後に起こした国家賠償請求訴訟で、東京地裁は「大阪地検が報道機関に供述内容を情報提供したという事実は認められない」という認定をした。東京高裁の控訴審も同様だった。大阪地検が情報提供せずに、身柄拘束された被疑者の同じ供述内容が、同じ日に、主な全国紙に一斉に掲載されるとは、裁判官たちはいったいどういう状況を想定しているのだろうか。

記者たちも、検察の見立てにまったく疑問を抱かなかったわけではない。たとえば、上村は一人で勝手に虚偽の稟議書を作成したというが、上司の指示があるのに、なぜそんなものを作ったのか、という疑問。これを解明する情報は、検察からはもたらされなかった。それでも記者たちは、「特捜部は決定的な証拠を〝隠し球〟として持っているはず」と思い、疑問を置き去りにした。マスメディア自身が、特捜部の能力を過信する

「特捜神話」に毒され、その毒を世間に拡散していたのだった。

裁判が始まってからも、記者たちの目に、検察は自信満々に見えた。そのため検察担当の記者たちは、「これは冤罪だ」という確信をなかなか持ちきれずにいた。

しかし、検察から何の〝隠し球〟が投げ込まれることもなく、裁判は終盤を迎えた。決定的だったのは、上村など重要な証人の捜査段階の調書を証拠採用しなかった裁判所の決定だった。

捜査段階の調書は、弁護側の同意がなければ証拠採用されないのが原則。ただし、検察官作成の調書の場合、法廷での証言より調書の方を「信用すべき特別の情況」（特信性）があると裁判所が判断した場合に限り、例外として証拠採用できることになっている。この規定が刑事訴訟法三二一条一項二号の規定に書かれていることから、法律家の間では、「二号書面」と呼ばれる。

建前上は「二号書面」の採用は例外扱いだが、実際の裁判では、検察側が請求すれば証拠採用されるのが当たり前になっている。「信用できない特別の情況」があった場合のみ不採用となるのが現実、と言っても過言ではない。

村木の裁判でも、検察は主な証人の調書を、「二号書面」として請求した。ところが、裁判所は上村ら重要証人の調書には特信性がないとして、採用しなかった。特捜事件としては異例の判断だった。

ここに至って、検察の「自信」はもはや何の意味もなくなった。（敬称略）

第四章　無罪判決、そして……

基本に忠実な判決

判決の前に、裁判所から弁護団に問い合わせがありました。

「無罪の垂れ幕は出すんでしょうか」

まだ、判決を聞いていないのに、もう無罪認定していると、みんなで大笑いしました。支援してくださった方たちからは、「(垂れ幕を)やってください」という声もありましたが、うちの家族は大反対。速やかに却下となりました。

二〇一〇年九月一〇日、法廷で、「被告人は無罪」という裁判長の声を聞いた時、心臓が大きく一つ鼓動しました。特別な感動がこみ上げてくるわけではなく、こういう時には体で感じるものなのだな、と思いました。

もちろんほっとしました。でも、大喜びというわけではありませんでした。これで喜んでしまっていては、控訴されたら辛いし、心が折れてしまうかもしれない。そうならないように、

「これは第一ラウンド。控訴されてもしっかり最後まで闘うぞ」と自分に言い聞かせていました。実際、検察が一生懸命控訴の準備をしている、という話も聞こえてきていました。

私が判決で一番うれしかったのは、どんなに供述調書が具体的で迫真性があっても、そういうものは後から作り出すことも可能であるし、事件から取り調べが行われるまでの五年という時の流れが人の記憶に影響を与えたことも配慮して、まずは客観的な証拠を中心に調書の信用性を検討する、とはっきり言ったことです。刑事司法の一番本質的なことをストレートに宣言されたところに、この判決の一番の価値があるのではないか、と思いました。

検察側の主張についても、一つひとつ丁寧に検討していました。どういう角度から見ても、検察の主張は逃げ道をふさがれた格好でした。証拠採否の決定の時とは違って、判決には捜査に対する批判はありませんでした。それも、検察が控訴を断念しやすくするための工夫のようです。弁護団が、「本当に玄人受けのする判決、どうやっても控訴できないように道をふさいである」と教えてくれました。

ある新聞社の検察担当の記者が、こんなことを教えてくれました。

「判決が出るまでは控訴準備を進めていたようだけれど、判決を読んで、諦めがついたようですよ。大阪地検は憑《つ》き物《もの》が落ちたような感じになっていますよ」

もうあんなむちゃくちゃなストーリーを掲げて戦わなくてもいいんですよ、と裁判所に諭してもらったような状況ではないでしょうか。

そして、控訴期限が来る前に、証拠改竄の問題が明らかになって、九月二一日に検察側が控訴断念を発表しました。

無罪判決が確定し、翌日から私は仕事に復帰しました。

負けてはいけない

こんなに早くゴールが訪れるとは予想していませんでした。何年も闘わなければならないのだろうな、と思っていましたし、何年かかっても、最後まで闘うんだ、と常に自分に言い聞かせていました。

それは、一つは私にとって、信用とか名誉というものが、とても大事だったからです。それをなくしてしまったら、これまで社会人として生きてきた自分の人生、その根幹が壊れてしまうような気がしました。もう一つは、最後まで闘う姿勢を子どもたちに見せることが、親としての責任だと感じていたからです。

検察の卑怯なやり方に「負けたくない」「負けてはいけない」という強い思いがありました。お金や時間は、検察の武器になります。闘い続ければ、お金がかかるし、時間がかかる。ここで諦めれば、早く終わってやり直せるというささやきが聞こえてきます。でも、お金や時間を利用して相手を攻撃するのは、兵糧攻めと同じ。そういうやり方に負けてしまうことがとても嫌でした。

とはいえ、そういう攻撃に対して、誰もが闘えるわけではない。生活の事情で闘いを断念せざるをえない人は少なくないでしょう。幸い私の場合は、夫がいて収入はあるので、すぐに生活に困るわけではない。役所でも、応援してくれる人はたくさんいて、夫はみんなに親切にされながら働けているわけです。こんなに、闘う環境に恵まれている人はめったにいないかもしれない。だったら、私はとにかく最後まで闘おうと思いました。

「勝つ」「勝ちたい」という言葉は自分の頭に浮かんできませんでした。そうではなく、「負けない」「負けたくない」という言葉が常に私の中にありました。それは、たぶん、私は戦って勝ち上がってきた人間ではないので、「勝つ」ということへの執着がないからでしょう。

私が社会人になった頃は、女性はコピー取りやお茶くみをやるのが当たり前で、男性より昇進のスピードも遅いのが普通。子どもを持っている女性の先輩は、親と同居の人が多いのですが、うちは夫婦だけで子育てをしていましたから、常にハンディを背負っていました。なので、何事も「勝てる」とは最初から思っていない。職場に迷惑をかける状況になったらあきらめるけど、それまではがんばって、やれるところまでやってみよう、という感じでやってきました。局長や次官になったではないか、お前は勝ち組だと言われるかもしれませんが、昇進というのは結果なんです。たまたまポストが空いたとか、たまたまやった仕事が評価されたとか、「たまたま」が重なった結果、今の立場があるだけ。私が勝ちを取りに行ったものとは違います。子どもの病気など、これまでの間にも、仕事を続けられるかどうか分からないというピンチは、何度もありました。だから、今回のような不利な状況から始まる闘いには慣れていた、と言えるかもしれません。

これが、役所やビジネスの世界で、トップを目指してやってきて、いい結果を出し、勝ち上がってきた人であれば、もっと辛かったでしょう。刑事司法の世界は、有罪率九九パーセントですから、なかなか勝てません。特捜部の事件はなおさらです。しかも、こちらが仕掛けていくのではなく、守りの闘いです。負けないための闘いです。私の場合は、そういう仕掛けられた闘いが性格的に合っていたのかもしれません。

検察はなぜ引き返せなかったのか

一方の検察、特に特捜検察は、「巨悪」と闘い、勝ってきたという自負があります。そのために思い込みが生じ、それが自らの思考を縛ってしまったのかもしれません。

今回の事件で、上村さんは相手が本当の障害者団体と思い込み、問題を先送りしている間に督促され、手続きを踏むのをさぼって「ええいっ」と自分で勝手に証明書を作ってしまった。障害者団体に迷惑をかけてはいけないと思い込んでしまった。そういう人の思考や心境が、「巨悪」を敵にする発想では理解できず、歪んだレンズを通してしか、事態を見られなかったのではないでしょうか。

しかも、「勝ち」にこだわりすぎて、何度も引き返すチャンスがあったのに、それをすべて活かせませんでした。なぜ、この組織はこんなにも、引き返せないのでしょうか。真相が分かることが、最も大事なことではないのでしょうか。それとも、引き返すことが「負け」と思っているのでしょうか？

そして、そのプロセスで多くの人間が、フロッピーディスク改竄の事実を知っていて隠していました。すべてが極秘裏に対応され、裁判ではずっと「村木は犯人だ」と主張し、懲役一年半を求刑しました。いったい検事という職業は何のためにあるのでしょうか。

今回の事件を振り返ると、國井検事はひどいとか、前田元検事はとんでもないことをやったとか、大坪元特捜部長はもともと危ない人だったとか、そういう個々の検事の資質や行為だけの問題にしてはいけないと思います。組織としての対応が問題だったのです。それを変えるには、個々の検事の倫理観に訴えるだけではなく、仕組みを変えなければなりません。

検事たちは、使命を与えられ、走り始めると、とにかくひたすらそれに向かってまじめに突き進んでしまう。それは、ある種の本能なのでしょう。それが困難な事件を解決するために活かされることもあるのでしょう。でも、今回のように、一丸となってストーリーどおりの調書作りに励んでしまったり、問題が発覚しても途中で止められず、最後まで走り続けてしまうことにもなります。だから、途中で止める仕組みを作っていく必要があると思います。いくら倫理憲章を作っても、精神論では根本的な体質を変えることはできません。それは、検事のような立場に置かれた人間の性《さが》でもあるからです。

そう思うのは、自分自身でこんな体験をしているからです。

私が、労働省（現在は厚生労働省）に入って二年目に、地方の労働基準監督署で見習いをやりました。労働基準監督官は、司法警察員でもあるので、労災で死亡事故があった場合など、立ち入り調査を行ったり、関係者を尋問したり、場合によっては逮捕したりする権限があります。私は見習いだったので、そういう権限はなく、ただ話を聞いて聞き取り書を作るだけでした。そうであっても、会社の人は、悪いと分かっていて事故につながるようなことをした、というような証言を引き出せないか、と思ってしまいました。もちろん、言ってもいないことを書こうとか、嘘でもいいから言わせようとか、そんなことは思いません。思わないけれど、故意に何かをしたという証言を引き出さなければ、という発想が、自分の中に生まれるんです。「人が一人亡くなったのだから、誰に責任があるのか明らかにしなければ」「事業所が隠している事実を明るみに出さなければ」という気持ち。それは、一種の正義感です。私のような見習いでも、そんな気持ちになったのです。

警察官や検察官は、そういう正義感をたくさん育てながら、仕事をしているのでしょう。だから、必ず「責任を取らせなければ」という方向にバイアスがかかる。自分たちの見立てが間違っていても、相手が隠しているんじゃないか、責任を逃れようとしているんじゃないか、という方にばかり発想が働いてしまう。自分たちの見立てそのものが違っているのではないか、というふうになかなかなりにくい。だから、間違った方向に突き進んでいる時に、それを止めるには、個々の警察官や検察官の自覚を育てるだけではなく、きちんと止められる仕組みを入れないとダメだと思うのです。

期待はずれの検証報告

事件については、証拠改竄などの刑事事件の捜査とは別に、最高検が検証を行うということでしたので、期待をしていました。問題が起きた時に、組織が自ら事実を解明し、問題の所在を明らかにすることはとても大切ですし、検察も国民の信頼を回復するためにはしっかりした検証を行うだろうと思っていました。

それだけに、一二月二四日に公表された検証結果報告書を実際に見た時には、落胆しました。私についての逮捕、起訴、公判遂行の各段階における判断の誤りについては率直に認めていただきました。前田元検事による証拠改竄の経緯も、ある程度明らかになりました。しかし、肝心なところに、まったく触れられていません。

この事件に私は関与していませんし、関与をうかがわせる客観的証拠もまったくなかったのに、私が関与したとする事実に反する供述調書が大量に作成されました。裁判所が特信性を否定したり、信用性がないと判断する証拠がたくさん作られたのです。検証報告では、そうした取り調べの実態、すなわち、多数の検事により事実と異なる一定のストーリーに沿った調書が大量に作成された過程そのものは、まったく検証されませんでした。

取り調べの実態を解明するには、容疑者や参考人として取り調べを受けた側の人たちから事情を聴く必要があったと思います。私自身も検証への協力は惜しまないつもりでした。しかし、最高検からの接触は一切なく、事情を説明する機会もいただけませんでした。取り調べを行う検察官からのみ話を聞いて、それを元にどのような取り調べが行われたのかを判断したのであれば、不十分で偏った検証に終わってしまったと言わざるをえません。犯人の言い分だけ聞いて、被害者から一度も事情を聴かないなんて、そんな捜査がどこにあるでしょうか。

たとえば、捜査線上に最初に私の名前が浮かんだきっかけとして、検証報告書は倉沢さんの供述を挙げています。問題の証明書に押されている企画課長印は本物なので、厚労省内の者が関与している可能性が出てきて、それについて倉沢さんを調べたそうです。そうしたら、〇四年二月二五日頃に私に会って証明書発行を頼んだこと、彼の目の前で私が郵政公社東京支社長に電話をしたこと、六月初めに再度発行を私に頼んだこと、そして私から直接証明書をもらったことを供述した、というのです。そして、こう書いてあります。

〈倉沢の供述については、検察官が村木氏に対する具体的な嫌疑を抱く前の段階で、本件犯行への村木氏への関与に関する供述を始めたもの〉

検察官から何の誘導も圧力も取り引きもなく、誤解を招くような情報提供もないのに、倉沢さんが自発的に虚偽供述を始めたかのような書きぶりです。果たして、そのようなことがありえるのでしょうか。

取り調べが録音されず、メモも廃棄されているので、残念ながら客観的事実から確認することはできません。そうであれば、取り調べた検察官の話で事実を認定するのではなく、どのようにしてその供述がなされたのか、せめて倉沢さんやその弁護人に話を聞き直して、併記する必要があるでしょう。

上村さんが私の関与を述べた供述については、次のような評価です。

〈逮捕後早期の段階で、村木氏の指示を認める供述調書が作成されるに至り、連日弁護人の接見がなされている中、その後もおおむね一貫した内容の供述調書が作成されていた〉

調書が作成された後、客観証拠であるフロッピーディスクとの矛盾を置き去りにしたとか、犯行の理由や動機についての検討が足りなかったなどという指摘はありますが、そもそもなぜ、そのような調書ができてしまったのかについての検証がなされていません。國井検事の「多数決」発言についても、裁判の経緯を説明する中で、上村さんと國井検事の公判での証言を両論併記しているだけです。

上村さんについては、こんな記載もあります。

〈上村の弁護人は、ほぼ連日、上村と接見していたが、大阪地検に対し、取調べに関する苦情等の申入れはなされなかった〉

弁護人が、苦情を申し入れられなかったのはなぜなのか、最高検はまったく聞いていません。自分たちにとって都合の悪いことは聞かず、都合の悪い証拠は挙げず、都合のいいものだけで組み立てて、問題をできるだけ小さく見せようとしているように見えてなりません。結果的には間違ったが、仕方なかった事情もたくさんある、という弁解が聞こえてくるようでした。

また、大坪元特捜部長や前田恒彦元検事の仕事の進め方に大きな問題があったことはよく分かりましたが、そうした幹部を育ててきた組織の風土・文化、そうした仕事の進め方を許してきた組織の機能の在り方などが十分検証されていないのも残念でした。

普通、問題が起きたときに行う検証というのは、まず事実を明らかにして、原因を突き止めて、それに対する改善の提言を行うはずです。それがなされることで、改革が行える。ところが、最高検の検証では、肝心のところでそれができていませんでした。元判事、元検事、弁護士という三人の法律家が検証アドバイザーを務められ、いろいろ意見を言ってくださったようですが、それでもこういう結果でした。

国を相手に裁判をする

どうして私が逮捕されたのか、検察はなぜ間違えたのか、なぜ引き返せなかったのか、それをどうしても知りたい。検証報告書に失望した私は自分で裁判を起こして、事実の解明に努めようと思いました。国家賠償請求訴訟を起こすことを決めたのです。

私自身も国家公務員ですし、裁判は費用もかかることなので、国を相手に裁判を起こすかどうか、ためらいがなかったわけではありません。それでも、なぜ、どのようにして検察は私をターゲットにしたのかが、知りたかったのです。今回の問題に大きくかかわっていながら、責任を問われることのないままになっている人たちもいて、納得がいかない気持ちもありました。一二月二七日に、国だけでなく、前田、大坪両元検事に加え、國井検事を訴える裁判を提起しました。

冤罪事件に巻き込まれた人が、国賠訴訟を起こしても、まず勝てないというのが実情だ、と弁護団からは聞いていました。再審で無罪となった元死刑囚が起こした裁判ですら、敗訴しています。でも、私の目的は、裁判に勝つことではありませんでした。裁判の過程で、前田元検事や國井検事らに、直接事実関係を確かめるための裁判でした。自分がなぜ、どのようにターゲットにされたのかを調べる手段は他になかったのです。この私の思いを応援してくださる弁護団は、「負けたら費用はいらない」と、事実上手弁当でやってくださることになりました。

提訴して一〇ヵ月ほどたったころ、弘中弁護士から、暗い声で「国が認諾するっていうんだ」と連絡がありました。「認諾」、初めて聞く言葉です。一切の弁明をせず、私の言い分を認めて賠償金を払って裁判を終わりにする、というのです。したがって、検事たちに対する証人調べもありません。支払われるお金の原資は税金です。請求金額を一億円とか一〇億円とか、財務省が認諾を許してくれないような額にしておけばよかったのかもしれません。でも、弁護団のこれまでのやり方は、常識的にやるというのがスタンスで、そのような現実離れした請求をすることは考えていませんでした。

国の認諾によって、私が真相を追及する手段はなくなりました。本当にがっかりしました。

賠償金は、弁護士費用などの実費を除いて、社会福祉法人の南高愛隣会というところに寄付することにしました。私の気持ちを汲んで、障害のある方々の取り調べや裁判、累犯障害者（障害があるがゆえに何度も犯罪を繰り返している障害者）の社会復帰など、日の当たりにくい分野に取り組むための基金が設立されました。私が巻き込まれたのは、障害のある人にかかわる事件でしたし、そこで刑事司法の問題点が明らかになったので、賠償金はこの二つの領域にまたがる場で使ってもらおうと思いました。

取り調べや裁判で、自分の主張を分かってもらうのは、ハンディのない私でもとても難しかった。ハンディのある人の場合は、なおさら困難でしょう。そういう人たちを支援する人が必要だと、自分の経験を通して強く感じました。

障害がある人もない人も地域社会の重要なメンバー。共に生きる社会を目指したいと思い、「共生社会を創る愛の基金」と名付けました。

コラム

検察への、国民の監視が必要

江川紹子

判決は無罪。その後、捜査主任検事によるフロッピーディスク改竄が発覚し、改竄を隠蔽していたとして、大阪地検元特捜部長と元副部長も逮捕された。

国民の検察に対する信頼は、地に堕ちた。特捜部の廃止を求める声も上がり、法務・検察にとって、深刻な事態となった。

これに対処すべく、最高検が事件の検証を行う一方、法務大臣が「検察の在り方検討会議」を招集し、検察改革の提言を求めた。異例の対応ではあった。しかし、検証で検察組織の問題が丹念に掘り起こされることはなく、改革への提言も中途半端に終わった。

検証が不十分だったのは、検察が内部調査にこだわり、「外の目」が入るのを断じて拒んだからだ。最高検は、元判事、元検事、そして生粋の弁護士という三人の法律家を「検証アドバイザー」に委嘱したものの、関係者の聞きとりには参加させなかった。彼らが関与したのは、最高検が行った内部調査の結果を分析する作業だけ。虚偽の自白や証言を生む構造にはほとんどメスは入らなかった。

在り方検討会議の委員だった私（江川）は、事実調査の段階で「外の目」を入れる必要性を訴えたが、聞き流されただけだった。私が、検察の対応に問題があった他の事件を調査しようとしても、検察の協力は得られなかった。

提言は「全会一致」で決定するとされた。そのため、取り調べの可視化など冤罪防止の対策については、元警察庁長官や元検事総長などの委員も了承する範囲でしか書き込めない。結局、取り調べの録音・録画に関する制度設計は、法制審議会に丸投げする形になった。

これは、提言案をまとめる実務を担当した法務省の実動部隊が全員検事だったことも大きかった、と思う。会議の場では可視化に前向きな意見が多かったはずなのに、提言案ではそれが見事に後退していた。確かに、「案」には会議で出た委員の言葉がちりばめられているのだが、議事録の中からどこを切り取るのかは、事務局の裁量。私自身の発言も、真意とは異なるニュアンスで使われていた。私は、できあがった「案」を見て、検事調書はこのようにしてできるのだな、と実感した。

いったん「案」ができてしまうと、その後の議論は、それを前提に行われる。やれることは、少しでも修正してもらうための交渉くらい。期限も決められており、骨格や方向性を変えるような大きな変更はできない。こうして最終版ができていくプロセスも、調書作成とよく似ている。

法務省には、多くの検事が出向しており、事務方のトップである事務次官は必ず検事。日本の法務行政は、検察が牛耳っているのが現状だ。しかも、検事総長、次長検事、八人いる高検検事長は天皇の認証を受ける認証官で、法務省次官より格が上。次官を務めた後に検事長や検事総長となった人も少なくない。長く法務省に在席する者もいるが、彼らにとって、〝本社〟はあくまで検察庁だ。

〝本社〟には、いつ呼び戻されるか分からない。実際、在り方検討会議の提言が法務大臣に提出された翌日、東京地検特捜部に戻った事務局スタッフもいた。これでは、在り方検討会議の事務局にいても、できる限り〝本社〟の意向を提言に盛り込むように努めるのは、当然の心理といえよう。

現在、可視化などの制度化を議論している法制審議会の特別部会の事務局も、検事と警察からの出向者で構成されている。警察関係者の〝本社〟は、もちろん警察庁だ。しかも、在り方検討会議の時には、弁護士が事務局入りして提言が少しでもバランスの取れたものになるよう努めたが、法制審ではそれもない、という。

国民が強い関心をもって注視していないと、冤罪防止の対策より、それぞれの〝本社〟の都合が優先されてしまうのではないか、と心配している。

終章　信じられる司法制度を作るために

法制審議会の委員に

こうして私自身の事件は一つの区切りを迎えましたが、これとは別に、私は、大きな役割を与えられることになりました。

職場復帰から半年ほどたった二〇一一年四月、岡崎トミ子議員から「江田五月《えださつき》法務大臣が、あなたに会いたいと言っているから、私の事務所まで来て」と電話がありました。何事かと大急ぎで事務所まで行ってみると岡崎議員ご本人は不在。不思議に思いながらしばらく待つと法務大臣が秘書官だけを連れて入ってこられました。そして、法務大臣の諮問機関である法制審議会の特別部会「新時代の刑事司法制度特別部会」の委員になってほしい、と言われたのです。当初は迷いました。私の場合、たまたま巻き込まれただけで、刑事司法の分野については素人です。役人が自分の職務と関係のない他省の審議会の委員になるというのも異例です。でも、夫から「君の役割だ」と励まされ、制度の改革には実際に経験した者の声が必要だと思って、お引き受けしました。後で打ち合わせにこられた法務省の官房長は、「いやあ、僕らも村木さんを検察官研修の講師に呼ぶことまでは思いついたけど、さすがに審議会の委員にするというのは思いつきませんでしたよ」と笑っていました。

特別部会は、委員二六人、幹事一四人の大所帯。法学者、警察・検察関係者、裁判官、弁護士という刑事司法の専門家がほとんどです。その中に、経済団体、労働組合、犯罪被害者、マスコミを代表する形でそれぞれ一名、それに映画監督の周防正行《すおまさゆき》さんと私がいわば非専門家として加わっています。また、部会長も本田勝彦さんで財界出身の方です。このメンバーの中で、刑事裁判の被告人だったり、拘置所に長期間入ったことのあるのはおそらく私だけだろうと思います。

可視化と全面的な証拠開示を

議論の一番の焦点はやはり可視化の問題でした。これについては、原則、すべての事件、全過程を録音・録画すべきであるという意見がある一方で、録音・録画にきわめて消極的な意見もありました。証拠開示、身柄拘束についても、今の制度を変えるべきかどうかで激しい議論がありました。また、通信傍受の拡大、刑の減免制度の導入などの証拠収集手段の強化策や、犯罪被害者や証人を保護する方策など様々なテーマで幅広い議論が行われました。この分野の知識のまったくない私の「素朴」な疑問や意見に専門家の方々が忍耐強く答えてくださったことに心から感謝しています。

会議は、一一年六月二九日に始まり、一七回の議論を重ねたところで、「時代に即した新たな刑事司法制度の基本構想」と題する中間報告の案が提示されました。これを見て、私はがっかりしました。それは、可視化について、次の二つの案が書かれていたからです。

①裁判員制度対象事件の身柄事件を対象とし、一定の例外事由を定めつつ、原則として、被疑者取調べの全過程について録音・録画を義務付ける。

②録音・録画の対象とする範囲は、取調官の一定の裁量に委ねるものとする。

可視化とは、取り調べの全過程を録音・録画などにより記録して、後で検証することができるようにすることです。①は可視化の制度化に反対はしないが、始めるならもっとも限定的で小さな制度で、という人たちの意見であり、②は可視化の制度化には反対する人たちの意見です。原則としてすべての事件で可視化を行うべきだという人や、できるだけ広い範囲の事件で行ってほしいという人の意見は、そこには反映されていませんでした。

さすがに、この当初の案には反対が相次いだため、①案は「一定の例外事由を定めつつ、原則として、被疑者取調べの全過程について録音・録画を義務付ける〔対象事件については、裁判員制度対象事件の身柄事件を念頭に置いて……〔作業分科会での検討を踏まえ〕更に当部会でその範囲の在り方についての検討を加えることとする）」と改められました。

そもそも裁判員裁判の対象となる事件は、起訴された全事件のうち三パーセントほどです。裁判員裁判対象事件だけで可視化をしようとすれば、私の事件も、四人を誤認逮捕し二人に虚偽の自白をさせてしまったＰＣ遠隔操作事件も対象になりません。このように、録音・録画が「例外的」になる状況では、調書や取り調べへの過度な依存を是正することにはなりません。

まして、対象範囲を取調官の裁量に委ねるのでは、捜査する側が記録したい場面だけを記録することになり、不正な取り調べの抑止力になるという可視化の効果は発揮できないでしょう。すべての警察や検察庁に必要なだけ録画機器を揃えるのは、財政上の負担が大きいという意見もありますが、それなら、制度導入当初は録音のみでもよい、としたらどうでしょう。録音なら簡単にできます。参考人の事情聴取も録音をすればいい。そして、徐々に録画の設備を整えていけばいいと思います。

もう一つ、検察官による取り調べの録音・録画をまず先行して制度化するという代替案も法制審の中で出されています。検察官の作成した供述調書は、いわゆる二号書面ということで、「特信性」があれば証拠として採用されるのでとりわけ重要です。このとき、録音や録画が残されていないと、片方で被告人や証人が「ひどい取り調べで、不本意な調書を作られた」と言い、片や検察官が「いやいや、ちゃんと取り調べた」と言った場合、裁判官はどうやって判断するのか、ということになります。取り調べは密室で行われ、何の証拠もありません。まさか、どちらの人相が悪そうか、で判断するとは思いませんが、こうしたケースで、常に正しく判断できていると断言できる裁判官はいるでしょうか。これまで、裁判官は公務員である検事の方を信じる可能性が圧倒的に高かった、と言われます。その結果、裁判所が判断を間違えてしまったケースもあるのではないでしょうか。

やはり録音・録画は、できるだけ広い範囲の事件で、取り調べの全過程について行う必要があると思います。「あるべき姿は、全事件、全過程」という考え方を出発点に議論を進めてほしいと切に願っています。

冤罪は、警察官や検察官が作ろうとして作ってしまうわけではなく、正義感をもってまじめに役割を果たそうとした結果でもあります。そういうまじめな人たちですから、いったん制度ができれば、それに最適な取り調べ技術を習得するなど、捜査の能力はむしろ高まると、私は信じています。

それから、証拠開示の問題があります。私の事件では、フロッピーのプロパティなど、いくつかの客観証拠が、無罪を裏付けてくれました。郵便不正事件は証明書の偽造事件ですから、その証明書を作った際のフロッピーはもっとも基本的な客観証拠です。でも、今の刑事司法制度では、このフロッピーを検察がなかったものにしてしまうことができます。

弁護団が、フロッピーが存在し、これを捜査機関が押収しているということを知るすべはありません。そして今回のように持ち主に返されてしまった場合は、仮に弁護団が証拠請求しても「存在しない」として開示されません。結局フロッピーは証拠として裁判に提出されませんでした。たまたま今回は、うっかり紛れ込んだ一通の捜査報告書が私を救ってくれたのです。検察は、被告人に有利な証拠を出さないことができるのです。

口利き依頼を受けたとされる日に、石井一議員がゴルフに行っていたことを示す客観証拠も、検察は自ら開示しようとはせず、弁護団の追及にあって、しぶしぶ出してきました。証拠改竄にしても、前田元検事の証言によれば、検察側のストーリーと矛盾する証拠を弁護側に渡したくない、ということが出発点でした。

検察に都合の悪い証拠が隠されたりすることなく、そうした証拠が弁護側に公正に開示されるような仕組みが必要だと思います。

身柄拘束は慎重を期して

もう一つ、とても大事なのは、身柄拘束の問題です。検察官が「逃亡の恐れ」「罪証隠滅の恐れ」があると言えば、裁判所はほとんどのケースでそれを受け入れて、勾留を認めてきました。私の場合も、「マスコミに追われて逃亡する恐れがある」などと言って、保釈がなかなか認められませんでした。そして、上村さんの例でも分かるように、それが事実と異なる調書を作ることに利用されてしまっています。これは、検察だけでなく、裁判所の問題でもあります。

こんなニュースがありました。神戸地裁尼崎支部で、スーパーで五六六円相当のミカンなどを万引きしたとして窃盗で起訴された被告人に懲役一年が言い渡された判決で、裁判官がうっかり刑期から未決勾留日数として二〇日を差し引いてしまったのです。この被告人は身柄拘束されていなかったのに、勾留されていた期間から二〇日間は服役したものとみなす、という判断をしてしまったのです。

この程度の微罪で実刑ですから、同じような前科がいくつもあったのでしょう。そういう人なのだから、身柄拘束がされていて当然、という感覚が、裁判官の中にあったのではないでしょうか。それくらい、身柄拘束が当たり前のことになっているのです。

法制審の会議で、被疑者の身柄拘束は必要最小限でやっている、裁判所は適正に判断している、と言う専門家もいらっしゃいますが、果たしてどうでしょう。

「基本構想」では、「被疑者勾留の期間が原則一〇日と短期間に限られている」と書かれていましたが、これにも疑問を感じます。私は逮捕翌日、取り調べの検察官に、勾留期間は二〇日だと告げられました。勾留が認められる期間は、原則は一〇日で、「やむを得ない事由があると認めるとき」に限って、最大一〇日の延長が認められるのが法律の建前ですが、現場では、逮捕されたら二〇日の勾留は覚悟しなければならないのが実態です。

しかも上村さんの場合は、一連の事件であるにもかかわらず、検察は虚偽の稟議書と証明書を分けて立件し、それぞれで二〇日間、合わせて四〇日間の勾留がなされました。

制度は、建前通りに運用されてはいないのです。勾留について、もう少しまともなルール作りと、それを適切に運用する仕組みが必要だと思います。

もちろん、人々の安全を守ったり、犯罪の摘発は大切です。そのために、通信傍受や司法取り引き的なことが必要だということも、法制審で議論されています。私は、きちんとしたルールを作り、手続きが透明化されるのであれば、新しい手法を取り入れてもいいと思います。今までのように、誰の目も届かない密室の中で、保釈などを巡って取り引き的なやりとりをするのではなく、すべて可視化された中であれば、それが問題のあるものか適正な交渉であるか、裁判官が後から確認することが可能だからです。

引き返せる検察になってほしい

冤罪は、疑われた本人だけでなく、その周囲の人たちにも、大変な影響を及ぼします。私も夫と二人の娘には大変な負担をかけました。両親にも本当に親不孝をしてしまいました。私の父は心配のあまり胃潰瘍を患いました。母は、判決から一年もたたずに亡くなりましたが、娘の無実を信じながら過ごす日々の心労は、いかばかりだったかと思います。夫の父も、わざわざ北海道から拘置所に面会に来てくれました。高齢の親たちに心配をかけたことは、とても辛かった。冤罪は家族にも重い荷を背負わせてしまうのです。

私が冤罪を晴らして社会に復帰できたのは、私が無実だったから、だけではありません。幸運だったからです。無罪になるのは、優秀な弁護人やよい裁判官に巡り合うなど、いくつかの条件が重ならなければ難しいのです。やってもいない罪に問われた時、運を頼みにしなければならないのでは、法治国家としてあまりに残念です。普通に適正な手続きを行えば、無実の者の嫌疑が速やかに晴れるような、冤罪ができる限り防げるような、そんな仕組みが必要ではないでしょうか。

職場復帰をして間もなく、友人が集まる会合がありました。検事をやっているH氏が、わざわざ私の隣の席に座って、「申し訳ない」と頭を下げました。いろいろな話をしているうちに、彼が、息子も検事になったんだが、今度の事件を見て、検事をやめると言い出したんだと話してくれました。「どうか、息子さんに検事をやめないでと伝えてください。検察からいい人がどんどんやめてしまうようになったら国民が困るんだから」と話しました。

事件の後、何人かの現役、あるいは元検事総長とお話をする機会を得ました。元特捜部長とも話しました。皆さんが、深く謝られたのはもちろんですが、みんなから異口同音にこうお礼を言われたのには驚きました。「こんなことを言うのは失礼だとわかってはいるが、ありがとう。こういうことがなければ、検察は変われなかった」と。考えてみれば、検察は常に巨悪と闘うことを期待され、また、常に「間違うことは許されない」というプレッシャーの下で仕事をしています。警察もまた同じです。どんなに一人ひとりがモラルを高く保とうと努力しても、こうしたプレッシャーの下、今の制度のままでは、無理な取り調べをし、事実とかけ離れた供述調書を作り、間違いに途中で気づいても、けっして引き返さない、そんなことがまた繰り返されるでしょう。そういうことができない、そういうことをしなくて済む制度を作る必要があります。その意味で、法制審の議論は本当に重要です。委員として最善を尽くしたいと思っています。

制度改革をし、それを実行に移す、そしてその効果を検証する、これから長い道のりです。夫の言う「得難い経験だけど、二度と味わいたくない経験」をした人間としてこのプロセスに関わっていかなくてはと思っています。これも、すぐに「勝てる」戦いではないでしょう。でも、私は私なりに、粘り強く、負けないための戦いを続けていこうと思います。そして、検察が国民からの信頼を取り戻すための努力を続けていくことを願い、それをこれからもしっかり見守っていきたいと思います。

第二部

第一章　支え合って進もう

◎夫・村木太郎インタビュー

村木太郎（むらき・たろう）

1954年北海道生まれ。京都大学大学院修了後、78年に労働省（現在・厚生労働省）に入省。2009年の事件当時は、大臣官房総括審議官（国際担当）だった。高齢・障害・求職者雇用支援機構理事長代理（出向）を経て、13年7月に厚生労働省を定年退職

突然届いた「たいほ」のメール

私が、証明書の偽造があったことを最初に知ったのも、新聞の報道でした。「バカなことをする人がいるなあ」と他人事として見ていたら、どうも厚子が課長の時に行われていたらしい。そうこうしているうちに、作ったのは係長という報道が出て、厚子に確かめたんです。こんな短い会話をしたのを覚えています。

「知ってる?」

「全然知らない」

まもなく厚子の名前も出るようになり、びっくり仰天していたところに、大阪から記者が押しかけてきました。当時、厚労省の国際担当総括審議官をしていた私にも、取材の申し込みがありました。

ちょうど国際労働機関(ＩＬＯ)総会の前で、その準備をしている時期でした。まさか事件の取材とは思わず、ＩＬＯに興味を持ってくれたらうれしいなと思って受けたんです。ところが記者は、大阪本社の名刺を出して、こう言いました。

「奥さんの事件が世の中を賑《にぎ》わせていることはご存じですよね。当時のことで何か思い当たることはありませんか」

頭から大阪地検特捜部の情報を信じているようで、それを前提にして聞いてくるのです。私がいくら、検察の筋書きは霞が関の常識に反すると説明しても聞く耳を持ちませんでした。

私が説明したのは、たとえば、課長名の文書を課長が偽造するなんて、ありえないという誰でも分かる話です。自分が決裁権者なんですから、自分で決裁文書にサインすれば正式な文書が出せるのです。どうして偽造なんかする必要があるでしょう。仮にどうしても出す必要に迫られたとしても、決裁の根拠となる資料を適当に添付して、決裁文書を作成すればいいだけの話。たかだかそんな簡単な手間を惜しんで、偽造文書を出すなんて、そんなことは霞が関の常識からしてありえません、と言いました。

それでも記者は、検察のストーリーを裏付ける話を集めに来ているだけですから、ストーリーに反する話は受け付けないのです。

自宅マンションの前にもたくさんの記者がやってきました。厚子の帰りを待ち構えて張り込んでいるのです。入口が常に取り囲まれている状態になって、厚子は帰ってくるのを断念し、ホテルに泊まったり、上の娘のアパートに泊まり込むようになりました。

六月に入ってＩＬＯ総会が始まったのですが、私は心配だったので、一週間くらい出発を遅らせました。そして、現地について一週間経った時に、厚子から電話がかかってきました。「大阪地検に呼ばれたので、明日行って話をしてくる」とのことだったので、私は「よかったね。これでちゃんと誤解が解けるね」と言いました。マスコミは分からなくても、検察はきちんと話せば分かってくれるはずだ、とのんきに構えていました。

ところが、当時の部下からも連絡があり、それは情勢の読みが甘いのではないか、と言われてしまいました。なんでも、逮捕される噂が流れているそうなのです。「必要でしたら、私がジュネーブに行って交代しますから」と言われ、「まさか」と思いながら不安が募りました。この日は休日で仕事もなく、朝からホテルの周りをうろうろ歩きながら、いくら厚子宛てにメールを打っても返信がなく、電話をしてもつながらない。そうしたら、突然、メールが来て、ぽつんと「たいほ」とだけ書いてある。頭では、逮捕されたと分かりましたが、まったく実感が湧きませんでした。

何はともあれ、子どもに連絡し、部下には交代を頼みました。一緒にジュネーブに来ていた渡辺孝男副大臣に「妻が逮捕されたみたいなので、帰らせてください」と言ったら、副大臣は「僕も心配していた。すぐに帰りなさい」と許可をくださいました。家宅捜索が入るかもしれないので、上の子に家に戻ってくれるように言いましたが、とても心配でした。そうしたら、我々夫婦の後輩が、「年休を取って立ち会います」と連絡をくれて、少しほっとしました。眠れずに悶々《もんもん》としていたら、現地時間で午前三時頃に「これから家宅捜索が始まります」と後輩から電話がありました。

飛行機の中では、いらいらしっぱなしで、まったく休めませんでした。しかも、成田空港に着いても、荷物のターンテーブルに私のスーツケースが出てこないのです。私の荷物まで検察に押収されたのか、と思いました。結局は、乗り継ぎのフランクフルトでうまく引き継がれなかった、よくあるロストバゲッジだったのですが……。

自宅に直行し、慌てて飛び込んだら、フローリングの居間に布団を敷いて、娘二人が寝ていました。どれほど不安がっているかと思っていたのに、眠そうな顔で「おかえり〜」と言われて拍子抜けしました。でも、そういう娘たちの様子に、やれやれと安心しました。

家宅捜索の様子を聞くと、五人で来て、四、五時間かけたそうです。写真とか手帳とか通帳とか、紙類はメモの類まで持って行ったようです。でも、家の中はよくテレビドラマで見るように全部ひっくりかえされている、ということはありませんでした。当時とてもちらかっていた次女の部屋には、係官が入ってすぐに「無理です」と出てきたそうです。「どうせ何も出てこないけど、家宅捜索ってこんなものなのか?」と思った記憶があります。供述を得ることばかりに力を入れて物的証拠を探すことはたいして重視していなかったのでしょうね。

厚子の次に、私がターゲットになる、という噂も流れてきました。検察の筋書きの一つとして、厚子が当時の日本郵政公社東京支社長に電話をしたことになっていました。その人物は私の知り合いなので、夫のパイプが使われたということにされるのではないか、という噂です。何がなんだか分からない、という不安と、両親が揃っていなくなったら、子どもはどうすればいいんだろうという心配が、一時はありました。

日常のペースを崩さない

事前に相談に行っていた弘中惇一郎弁護士に正式に厚子の弁護をお願いしました。すると、「弁護士三人でチームを組んで、毎日大阪に接見に行きます」と言われて、びっくりしました。事務所は東京で、しかもとても忙しい先生だと分かっていたので、週に二回くらい行ってくれるだろうか……と思っていたものですから。毎日接見していただく意味は、今になってみれば非常によく分かります。取り調べで心が折れないためには、弁護士の専門的なアドバイスも必要ですし、弁護士以外の人とは会えないという状況の中で、外とコンタクトをとるためのパイプ役も果たしていただきました。

こういう事態になって、娘二人と最初に決めたのは、とにかく日常のペースを崩さないようにする、ということでした。「我々は普通に暮らして、ママが帰ってくるのを待とう」と。そして、「家族は日常の生活をきちんとやっているということを、メッセージで送ろう」と。逮捕から一週間ほどで、高校三年生の娘が修学旅行で沖縄に行く予定になっていました。本人はだいぶ迷っていましたが、私は「行っておいで」と勧めました。結果としては、行ってよかった。事情を知っている子もいましたが、仲のいい子たちはさりげなく一緒にいてくれたようで、すごく楽しい修学旅行だったようです。その時の写真を、弁護士にアクリル板越しに見せてもらい、厚子もちょっとほっとしたみたいです。

家族の間で、事件について話すことはありませんでした。むしろ触れないようにしていました。触れるのは怖いし、触れてもどうしようもないし……。だから、日常的な、今日は高校でどういうことがあったとか、そういう話ばかりしていました。娘たちも一人の時は泣いたこともあったのかもしれませんが、私の前ではそんな素振りも見せませんでした。

当初から、メールや手紙で、たくさんの人が「信じてる、がんばれ」と応援の言葉を贈ってくれました。一番大事なのは、一人じゃない、ということを伝えることだと思い、メッセージをくれた人の名前をA４判の紙一枚に書いて弁護士に渡し、やはりアクリル板越しに厚子に見せてもらいました。

取り調べ期間中、家族は面会できなかったのですが、差し入れだけのために、大阪拘置所に行きました。拘置所の隣の差し入れ屋さんに勧められて、お弁当も差し入れてみましたが、本人はそれより拘置所の麦飯が気に入っていたみたいで、すぐにやめました。暑いときだったので、凍らせた紙パックのコーヒーの差し入れが一番気に入っていたようです。

起訴されることは覚悟していました。釈然としなかったのは、他の人たちは起訴と同時に保釈になったのに、厚子は拘置所に留め置かれたことでした。偽の証明書を作ったり使ったりした人が「やりました」と言ったら釈放されて、何もやっていない人が「やっていません」と言えば釈放されない。なんだかへんだなあと思いました。

ただ、接見禁止は解けたらしいと聞いたので、娘二人と新幹線に飛び乗って、大阪に行きました。拘置所で申し込みをして一〇分ほど待っていたら、「今日は会えません」と言われてしまいました。理由を聞いたら、「今日はもう一人会っていますから」と。

なんでも、拘置所では一日一回しか面会できない決まりがあり、その日の午前中にたまたま大阪に来ていた厚子の友人が、事情を知らないまま拘置所を訪ねたら、「会えます」と言われ、厚子の方も家族の動きは知らないので会ってしまったのでした。

しばし呆然としていたのですが、一泊して明日会おうということになり、私と上の子は職場に連絡して休暇を一日延ばしてもらいました。

翌日の朝、会いました。二〇日間も切り離されていたので、「あの服はどこに置いてある」とか「あそこの支払いはどうなっている」とか、そういう日常的な打ち合わせや報告がたまっていて、一五分の面会時間はすぐに終わってしまいました。応援してくださる皆さんにはすぐに「厚子はいつもと変わらずのほほんとしていました」と様子を報告しました。「厚子さんらしい。安心した」という反応がいっぱい返ってきて、それ以来、我が家では「のほほん」という言葉がお気に入りです。

多くの方が面会に行きたいと言ってくださったのですが、わざわざ大阪まで行って、我々のような目にあってはいけないので、面会予定を調整をすることにしました。家族を優先させていただき、それ以外の日を面会希望の方に割り当て、結局、面会のできない休日と公判前整理手続がある日以外は、毎日誰かが面会していました。たった一五分の面会のために仕事を休んで大阪まで行っていただくわけですから、本当にありがたいと思いました。

弁護団の会議には、なるべく私も出るようにしました。たいていは夕方からなので、仕事が終わると駆けつけました。我々の仕事のやり方、役所の慣習、国会議員との関わりなどについて、弁護士さんたちに説明したこともあります。

保釈と公判

彼女の無実は、私は当初から確信していました。ストーリーが荒唐無稽なうえに、三十年来付き合ってきた厚子のキャラクターからしてもありえない。役人の中には、清濁併せ呑むというか、わりと政治家には迎合的なスタイルをとる人もいますが、我々二人は「筋は通さないと」というタイプです。日ごろから仕事のこともよく話し合っていましたし、筋を通した結果、降格させられたり辞めさせられることがあっても、もう片方が支えていけばいい、という信頼感がありました。

こんなありえないストーリーを作った検察には、怒りの気持ちでいっぱいでした。その一方で、霞が関の常識というのは、霞が関で仕事をしていないと通じないですし、世の中の人にもあまり分かってもらえないのではないか……という焦りもありました。裁判所に認めてもらえるかどうかも分からない。まったくの五里霧中で、夜もよく眠れないことが多く、睡眠導入剤を処方してもらいました。

我が家の経済についても考えました。捜査期間中、弁護士に毎日大阪に行ってもらい、裁判も大阪で行われます。弁護士費用はもとより、その交通費や宿泊費だけでも、相当な金額になります。事件が起きたのは東京で、本人も、関係者も、弁護士もみんな東京かその周辺にいるのに、なぜ検察の都合で大阪で裁判をやらなければならないのか、納得がいきませんでした。もし有罪判決が出れば、控訴して、最高裁までかかるかもしれない。どれくらいの費用がかかるのか、と思いました。

しかも、厚子は裁判中は起訴休職で身分は保障されているとはいえ、収入はなく、有罪になれば懲戒免職で退職金はなくなる。私の収入だけで裁判関係と生活の両方を賄っていけるだろうかと、あれこれ計算もしました。そういう時は、本当に暗澹《あんたん》たる気持ちになりました。なので、支援をしてくださる人のカンパは、精神的にも経済的にも、本当にありがたく、助かりました。

そうこうしている間に、厚子の夏服が宅下げで拘置所から送られてきて、秋の服になり、そろそろ冬の支度が必要なのか……という時になって、やっと保釈が決まりました。その直前まで、私はまたジュネーブに出張で、帰ってきた次の日に「今日保釈されます」という連絡が入って、すぐ大阪に向かいました。

保釈後に弁護士と一緒に記者会見を開くというので付き添っていたら、弘中弁護士に「ご主人も出ますか」と聞かれ、私も出ることになってしまいました。記者に聞かれて「無実を信じています」と答えたら、検察が、厚労省高官の夫が公開の場で証人に圧力をかけた、というふうに使ったのには呆れました。そうやって表に出ることが、自分の仕事のうえで影響するかどうかは心配しませんでした。別に間違ったことはしていませんし、職場の雰囲気はとても温かいものでした。厚子の起訴直後に退官した江利川《えりかわ》毅《たけし》元次官が、全職員を前にした退職挨拶の中で、「早く無罪となって帰ってきてほしい」と言ってくれたのも大きかったと思います。あれにはとても勇気づけられました。

厚子は、拘置所にいる間に、肉体的にかなり弱っていて、地下鉄の階段も一気に上がれず休み休み、という状態。精神的にも、人混みが怖くて出られない。弁護団会議に出るなど外出する時には、心配だから必ず私が付き添っていました。そういう状態が一月近く続きました。

裁判は、何度か傍聴に行きました。印象的だったのは、上村さんが被疑者ノートに基づいて証言した時です。取り調べの時の彼の苦悩や、次第に検察に押し流されていく状況が手に取るように分かりました。それまで、家族にとって彼は、「無実のママを引っ張り込んだ憎いヤツ」だったのですが、彼なりにがんばろうとしてがんばりきれずに押し流されたのは、気持ちとして理解できました。一緒に傍聴していた下の娘が、「ママ、私はもう上村さんに対して怒ってないよ」と言っていましたが、私も同じ気持ちでした。同時に、こういう上村さんの苦悩と押し流されていく状況、検察のやり方というものを多くの人に知ってほしい、と思うようになりました。

証拠改竄より大きな問題がある

判決の日も、傍聴に行きました。無罪と聞いて、よかった、と思いましたが、続いてすぐに、どうしたら控訴させずに終わりにできるのか、ということを考えました。この件では私は裏方であり厚子のマネージャーのようなものですから、彼女をどう掩護《えんご》射撃できるのかという方に、頭がすぐに切り替わりました。

翌朝の新聞全紙に一面トップで無罪判決が扱われているのには、驚きました。検察のリークをそのまま記事にし続けていた新聞社の贖罪《しょくざい》の気持ちも込められているのかな、と思いました。各社、自己検証もやっていましたが、中には、自分たちも検察にだまされてしまったと言わんばかりの弁明を書いている新聞もあって、あきれてしまいました。

それまで、記者会見以外の取材は断っていた厚子も、無罪の後は控訴断念を訴えるため、積極的に取材に応じるようにしていました。そういう中、フロッピーの改竄が伝えられました。最初は、嘘だろうと思いました。いくらなんでも検察官が、そんなバカなことを……という気持ちです。

しかし、改竄した当人が逮捕され、その後上司も逮捕されました。もちろん、改竄なんてとんでもないという思いはあります。が、フロッピー改竄ばかりがクローズアップされるのにも、違和感を覚えました。逮捕から裁判に至る流れの中で、フロッピー改竄の影響というのはあまりなく、一番大きいのは、事実と異なる供述調書がたくさん作られていったという問題。あとはフロッピーの矛盾を放置しておいたとか、石井議員のアリバイをちゃんと調べないとか、そういう事柄です。そういう事態を招いた検察の体質、そのやり方の方が、はるかに大きな問題。そのことを忘れてはいけないと思います。

間違いは、やるべきことをやらず、やってはならないことをやって起きるわけです。検察官も仮説を立てることは必要かもしれませんが、物的証拠などで検証することもせず、最初のストーリーにこだわるのは、やるべきことをやっていないのだと思います。また、やってはならないのは、ああいう嘘の供述調書を作ることです。検察官も人間ですから、間違いはあるでしょうが、それをまったく修正せずにいたというのは、許し難いことだと思います。

それから、罪を認めない人が、それゆえにいつまでも身柄拘束されるのは、問題です。身柄を拘束されることが、本人と家族の生活をどれだけ破壊することなのか、検察と裁判所は本当に理解しているのでしょうか。

長い間一緒に暮らしてきた家族が、突然一人引っこ抜かれれば、ぽっかり空いた穴はとても大きくて、埋められるものではありません。下の娘は、強がっていましたが、入試を目前にした高校三年生が、ある日突然母親と会えなくなって、相談もできなくなるというのは、大変なことだったと思います。一日にたった一五分面会に行くのに、新幹線で往復したり、ウィークリーマンションを借りて泊まり込んだりしなければならない。それは、経済的にも大変なことでした。

身柄拘束が、そういう様々な問題をもたらすという想像力に欠けたまま、前例主義と事なかれ主義に陥っているのではないかと、特に勾留や保釈の判断をする裁判官には申し上げたい。

国家賠償請求訴訟をやる時には、夫婦揃って国家公務員なので、さぞかし悩んだだろうと言われますが、そういう逡巡はあまりありませんでした。厚子が法制審の委員になる時も、法務省と喧嘩になるからまずいのではないか、というような発想はありませんでした。なにも、それで辞めさせられるわけではなし、まして死ぬわけでもないですし。それは、彼女が次官になったからといって、変わりません。やるべきだと思ったことをやろうという点では、私たち夫婦はわりと一貫していると思います。

第二章　ウソの調書はこうして作られた

◎対談　上村　勉×村木厚子

（進行…江川紹子）

上村 勉（かみむら・つとむ）

1969年東京都生まれ。青山学院大学を卒業後、国家公務員Ⅱ種に合格。93年に厚生省（現・厚生労働省）に入省。2004年に社会・援護局障害保健福祉部企画課社会参加推進室に異動し、社会参加係長に。09年５月26日に公文書偽造容疑で逮捕される。12年１月23日に懲役１年執行猶予３年の有罪判決が言い渡され、確定。

お目にかかって謝らねば

江川　どのような気持ちで、今回の対談に応じてくださったのですか。
上村　第一に、村木さんにお目にかかって謝らなければいけない。それから、村木さんが取り調べの可視化などの問題に取り組んでいらっしゃると聞いたので、何か協力できることがあれば、と思いました。
江川　ご自身の判決は確定して、裁判や検察との関わりは、もう終わっているのですね。
上村　はい。ただ、五月の連休の時に、検察庁から「証拠を返したいから」と電話がかかってきたんですよ。「何で今なんですか」と聞いても、「関係者の裁判が終わったから」としか教えてくれませんでした。宅配便で送られてきたのは、事件とはまったく関係ない仕事の資料でした。
江川　問題のフロッピーのような重要な証拠は、むしろ早く返ってきたのに……。村木さんは、家から持って行かれたものは全部返ってきましたか。
村木　はい。裁判が始まる前に、ほとんど戻ってきていると思います。職場のものは意味がなかったみたいで、起訴されてまもなく戻ってきました。名刺の束も早く返ってきました。この中には「凜の会」の関係者の名刺は一枚もなく、私が彼らと会ったことがない、ということをうかがわせる証拠なんですが、そういう検察にとって都合の悪い証拠は、早く返すんですね。

江川　上村さんにフロッピーが戻ったのは、いつですか。

上村　保釈されたのが二〇〇九年七月四日で、一六日には届いています。一四日の消印がありました。それで、一八日には取り調べをした二人の検事のうちの一人、遠藤裕介検事から電話がかかってきて、「会いたい」と言われました。「弁護士さんを通してください」と言ったんですが、またかかってきて……。弁護士さんが「なぜ、弁護人を通さないんだ」と抗議して止まりました。今考えると、仮に会ったとしたら「フロッピーを見ましたか」と聞いて、僕に見させようとしたんじゃないか。[*1]改竄後のフロッピーは、最終更新が〇四年六月八日になっていたので、それを見て、僕が「証明書を作ったのは六月八日だったと思う」と証言すれば、検察のストーリー通りの裁判になったかもしれない。でも、返ってきてすぐには、通帳だとか自分の生活に必要なもの以外は見たくなくて……。

そのままにしていたら、秋になって鈴木一郎弁護士との打ち合わせの際に持っていくことになりました。先生のパソコンで開いたら、六月八日というのが出てきたんです。先生に「この日付に覚えがある?」と聞かれたけど、全然心当たりがなくて……。二人で「気持ち悪いね」

と言って、とりあえず見なかったことにするというか、棚上げしておくことになりました。先生は、僕がいじったことも、少し疑ったみたいです。

江川　弁護士さんは、改竄のために、弁護人と依頼者の信頼関係が損なわれるところだった、と怒っていましたね。

上村　その翌年の夏に、朝日新聞の記者から「検察庁の中で変な噂が流れているので、フロッピーをちゃんと調べてみませんか」という話があり、調べてもらったら、〇九年七月一三日、証拠を戻してくる前日に書き換えられていたことが分かったんです。

江川　ひどい話ですね。村木さんから上村さんに聞きたいことはありますか。

村木　私は、上村さんと同じ検事から取り調べを受けました。順番は、私は先に遠藤検事、後に國井検事でした。遠藤検事からは、「凜の会の人だけではなく、厚労省の人も村木さんが指示したと言っているからには、我々は疑わざるをえません」と言われたんです。実際、上村さん以外にも、何人もの人の調書に私が関与したかのような記載があります。ああいう調書がどうやってできたのか、そのプロセスが知りたい。私は、國井検事に会ってすぐ、「この人のもとでは調書は作るまい」と思うくらいひどい対応でした。上村さんには、どういう対応をして、調書が作られたのかを聞きたいです。

事件はどうして起こったか

江川　では、順を追って伺いましょう。まず、逮捕されたのは、〇九年五月二六日でしたね。

上村　そうです。その日の朝、東京地検に呼ばれて、任意で事情を聞かれました。その時から、僕は本当のことを話していました。それで昼過ぎに大阪に移動して逮捕されたんです。その時は、むしろすっきりしました。洗いざらい話して、もうこれで、嘘を言う必要がない、と。誰もここ（拘置所）までは追ってこないし、マスコミから守られている、とさえ感じました。拘置所で流れるラジオで、僕が逮捕されたことが報道されているのは分かりましたけど、僕がやったのは事実なのでしょうがない。ですから、記憶にあることはすべて正直に話しました。

でも、そういう話はちっとも調書にならない。國井検事は、興味がない話はメモも取らずに聞き流すんです。それで、逮捕から数日して、村木さんの名前が出てきました。僕は単なる駒

で、本当のターゲットは村木さんや石井議員なんだな、と分かってきて、事件が実際よりはるかに大きなものになって、自分に迫ってきました。でも、どうしてこんな大ごとになっているのか、自分ではさっぱり分からない。

江川　そもそも上司からの指示があるなら、こっそり証明書を作る必要もなかったわけですよね。

上村　そうです。課長が了解している話なら、僕だって自分でやらないで、部下に任せますよ。けれども部下の係員が二人とも異動したばかりで、彼らに任せるのは酷かなと思って自分で抱え込んでしまったのです。僕が自分で証明書を作ったのは、前任者からの引き継ぎもないし、凜の会側の態度からして、前任の対応に不満があるようだったので、僕がやらないとまずいなと思ったからなんです。ただ、予算の仕事もあって先送りしているうちに、催促もあり……。障害者団体がまさか悪いことをするとは思っていなかったし、障定協（障害者団体定期刊行物協会[*2]）から「営利目的には使わないという念書を取ってあるので、証明書を出してください」という紙も来ていたので、課長が出すのも、僕が作って出すのも同じだろう、少しでも負担を減らせるならば、障害者のためになるだろうと、安易な気持ちになって、作ってしまった。それが真相です。

江川　ですから、書類は一応整っていたんですよね。なのに、決裁などの手間を惜しんで、必要な手続きを省略してしまったという、単純な事件です。
上村　僕の単独犯行なのに、三ヵ月も前に上司たちがいろいろなことを画策していた、という話を聞かされたわけですから、まさに驚愕の気持ちです。
江川　違いますって、説明はしたわけですよね。
上村　僕がいた社会参加推進室は、組織上は企画課の中にありますが、部屋も違います。企画課長からの指示は、室長を通して来るわけで、直接僕に来るというのは、役所の仕組み上、ありえないんですよ。そういう話もしたんですが、確かめようとしないんです。都合の悪い話は聞き流して、「そういうことはありえない」で終わり。僕が一人でやったという可能性を検証しようともしない。
江川　自分の記憶にあるのは単独犯なのに、なぜ検察官に譲歩してしまったのですか？
上村　郵便局に提出された証明書の日付が五月二八日になっていたというので、僕としてはこの日に作って、この日に凜の会に渡したと思っていたんです。ところが、フロッピーディスクのプロパティを印刷したものを見せられて、実は六月一日未明に作った、ということが分かりました。
　この事実を突きつけられた時に、僕はショックだったんです。自分の記憶がいかに曖昧か、思い知らされたようで。だから、検事から「人間の記憶なんて曖昧なもんだね」と言われると、返す言葉がない。凜の会の人の手帳も見せられたりして、そういう物的な証拠には、私のあやふやな記憶は勝てないな、と思いました。自分の記憶にすっかり自信がなくなったところで、他の人の調書の内容を聞かされて、「あなたが村木さんと会っているのを、厚労省のみんなが見ているんだよ。あなたが村木さんのデスクの前に立っているのを見た人もいる」とたたみかけられたんです。

江川　村木さんの机の前で何かをした記憶はあるんですか。

上村　ないです。こんなに近い距離で話すのは、今日が初めてです。大勢の職員が参加する会議で一緒になったことはあったかもしれませんが、一対一で話したことはありません。いくらそう言っても、検事からは、部長は石井議員から依頼の電話を受けたことを認めたとか、凜の会の代表者は村木さんから証明書をもらったのは間違いないと言っているとか、次々に他の人の供述を突きつけられる。外堀をどんどん埋められていく。それで、「あなたの言っていることだけが違っていて、浮いているんだよ」と攻められると、だんだん自信がなくなってくるんです。そのうえで、「あなたがよく覚えていないんだったら、周りの意見を聞いて総合的に判断するのが合理的じゃないか。最後は多数決でやっていかないと真実は見えてこない」と説得されるんです。

終わりの見えない絶望感

江川　村木さんの関与を具体的に認める調書は、どうやって作られたものですか。

上村　検事はまず、「村木さんのデスクのところまで行っているのを見た人がいる」と言った後に、「それで、どうやって証明書を村木さんに渡すことになったの？　よくよく思い出して」と聞いてきました。そんな事実はないから思い出しようがない。黙っていると、「思い出せない？　だったら、こうじゃないの？」と検察のストーリーを言ってくる。僕としては、どうしたらいいか分からなくて、「そうだったのかな」と曖昧な態度を取っていると、もう、それを僕が自発的に言ったかのような調書になってしまう。その繰り返しです。

村木　調書には、具体的な会話が出てきますよね。たとえば、私が上村さんに「決裁のことはもういいから、忘れなさい」と言ったことになっています。

江川　そういう調書は、どのようにして作られたんでしょうか。

上村　村木さんと私のやり取りが生々しく再現されている部分は、全部でっち上げ。検事の作文です。「上村さんは記憶が曖昧なんだから、私に任せなさい」って感じで、あたかも自分が見てきたように、僕に成り代わって、「私は……」という一人称の調書を作るんです。

江川　なかなか抵抗できないものですか。

上村　いくら言っても、検事からは「いや、村木さんから指示はあったんだよ」ではねつけられる。なんで、その場にいないあんたが断言するんだって思うんですけど、僕は村木さんと違って、実際に罪を犯しているんです。そういう者と検事では力関係が圧倒的に違って、思ったことが率直に言えない。最初に洗いざらい話したのに、取り調べは終わらない。それで再逮捕される。再々逮捕なんていくらでもできるだろうから、こういう状況が永遠に続くんじゃないかって思っちゃう。人間って、終わりが見えているとがんばれるんですよ。でも、いざその目標がなくなってしまった時の絶望感……。とにかく早くここから出たい、村木さんを犠牲にしてでも早く出て裁判所で訴えるようにしないと……というふうに思ってしまった。本当にごめんなさい。

江川　ゴールがなくなる、という感覚は、村木さんも理解できます？

村木　ええ。私も、取り調べ期間中は、毎日カレンダーばかり見つめて過ごしていたんです。勾留延長されるのは分かっていたので、ゴールまで二〇日間。カレンダーを見ては、「二日終わった。一〇分の一だ」「三日終わった。七分の一だ」って、ゴールに到達するまで、どれくらいの地点まで来たのかを確認していました。朝見て、昼見て、夜見て……。それで日にちが変わるわけじゃないんだけど、とにかくカレンダーを見つめていて、穴が開くんじゃないかと思ったくらいです。私は再逮捕がなかったので二〇日間で（取り調べは）終わりましたけど、その後別件で再逮捕される、などということがあったら、がんばれる自信はないです。終わりがあるから、（真実を主張することを）やりきることができました。
上村　あと、時間が分からないのが辛かったです。拘置所の房の中には時計がない。分かるのは、食事の時間と消灯の午後九時だけ。なので、ノートに一日の時間を書いて、食事のたびに塗りつぶしていました。特に夜が辛いんですよ。眠れずにいても、今が一二時なのか三時なのか分からない。寝ていて、親父が自殺する夢を見て、ハッと目が覚めて……。でも、なかなか朝にならない。悶々としているうちに、伊丹空港から一番機が飛ぶと、「ああ、やっと起きられるな」と。
江川　上村さんは、ずっと寝不足だったようですね。
上村　最初はよかったんですが、検事が村木さんのことを持ち出してきてから眠れなくなった。弁護士さんの顔を見ると安心して、接見室で接見の間、ずっと寝かせてもらったこともありました。
江川　國井検事は、口調は丁寧で、上村さんに同情的なことも言ったようですね。
上村　あたかも、「あなたに心を寄せているんですよ」という風を装って……。そういう感じで國井検事がよく言っていたのは、厚労省におけるキャリア・ノンキャリアの話でした。
江川　国家公務員一種試験に合格して幹部候補として採用された人がキャリア、それ以外はノンキャリアと呼ばれるんですね。この区分だと、村木さんはキャリア、上村さんはノンキャリアです。

上村　國井検事に聞かれて、僕はそういう一般論を話しただけなのに、ノンキャリアはキャリアに蔑視されて虐げられているような調書になってしまうんです。実際には、役割が違うだけで、蔑視なんてありませんでした。それなのに、國井検事は「ノンキャリアのあなたはトカゲのしっぽ切りで、全部責任を押しつけられている。このままで終わったら、あなたは犬死にだ」と言うんです。「ウミを出し切って、この厚労省の悪しき体質を改善したい」ということも調書に書かれていますが、これは私の言葉ではなく、國井検事が口癖のように言っていたことです。

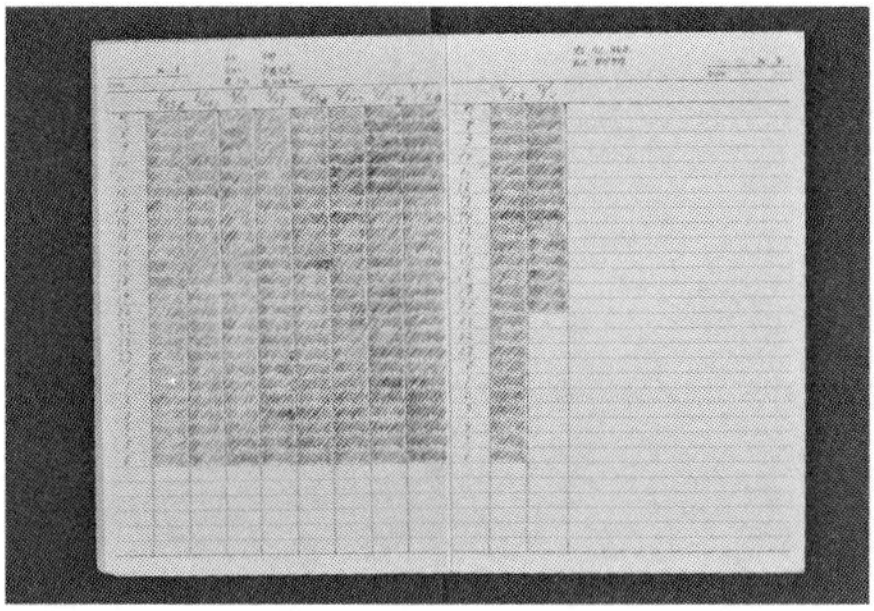

上村氏が時間の経過を書き記した勾留中の雑記用ノート。1コマ1時間で、平成21年6月17日から、保釈された7月4日の20時までコマが塗りつぶされた

江川　検事は、「あなた一人で責任をかぶるな」と言ってくるわけですね。

上村　ここで意固地になっていないで、「上から指示されました」と言えば、責任も軽くなるでしょうっていうメッセージですよね。僕も、本当のことを言っていても、ちっとも調書を作ってくれないし、意地を張っていればいつまでも出られないんじゃないか、検事の言うことに乗った方が得かな……という方に、心が傾いてしまいました。

江川　そうやって作られた調書にサインをするよう求められるわけですね。

上村　最初の時は、検事の顔色をうかがいながら、「やっぱり私の記憶とは違うんですけど」と言ってみましたが、無視されました。指印をした後、これは大変なことになった……と思いました。その後も、「違うんです」と言ったことはありましたが、國井検事は「じゃあ、どこを直すの？」と聞いてくるんです。どこって……調書全体が、全部違うんですよ。だから「どこ？」と聞かれても答えられずに黙っちゃう。

江川　訂正の申し入れが聞き入れられたこともありましたね。

上村　一度、調書が出来上がった後に、手書きで付け加えてくれたことがありました。不思議でした。どうしてそこだけ訂正に応じてくれるんだろう、と。訂正したいことはいくらでもあるのに、肝心なところは絶対聞き入れてくれない。なのに、そういうどうでもいい細かいところは、丁寧に訂正してくれるのは変だな、と。

江川　署名を拒んだことは？

上村　拘置所では、日曜日は弁護士さんに面会させてもらえないんですね。でも、検事の取り調べはある。それで調書が作られたので、「今日は調書にサインしません。弁護士さんと相談させてください」と言いました。すると、國井検事は「相談してどうするんだ」と。「真実の究明に力を貸さないのは無責任だ」とも言われました。それでも抵抗していたら、「それなら、厚労省の人たちを再聴取する」と圧力をかけてくるんですね。僕は実際に罪を犯していて、多くの人に迷惑もかけている。なので、そう言われると弱いんです。そこを徹底的に攻められて……。

江川　気持ちが折れてしまった？

上村　はい。一人でにっちもさっちもいかなくなってしまった。いろんなことを考えると、検事の言う通りにした方がいいのかなって、楽な方に逃げて行く自分、自分さえよければいいという卑しい自分になっていきました。

村木　自分の身を守ろうというのは、当たり前ですよ。むしろそういう人間の気持ちを利用するやり方が、巧妙、狡猾なんです。

上村　村木さんのことは、外に出てから考えよう。無罪に決まっているんだから、後から考えればいい、と思ってしまいました。

何とか痕跡を残したかった

江川　調書を作られた後も、なんとか本当のことを分かってもらおうとしたことはありましたか。

上村　最初の逮捕・勾留の時、つまり村木さんが逮捕される前のことですが、弁護士さんに励まされて、取り調べの時に、思い切って「他人に罪をなすりつけたことを、私は一生背負って生きていかなきゃいけないのか」と検事に訴えたことがありました。少し立ち止まって、考え直してくれないか、という気持ちでした。でも、國井検事からは、まったく無視されました。村木さんを逮捕するという大目標に突き進んでいるから、もう引き返すことはできないんですね。証拠を検討し直すとか、他の人の証言を聞き直すとか、そういうことはしてくれませんでした。自分が真実だと思うことを一生懸命話しても、まったく聞き入れられない悔しさと絶望感でいっぱいになり、結局調書を正してもらうことをあきらめてしまいました。

江川　二度目の逮捕（六月一四日）の後には、裁判所での勾留質問で、調書と違うことを話したことがありますね。

上村　はい。これが最後のチャンスというか、検察の調書に書かれていることは違うんだという痕跡を何か残しておかなければいけないと思って……。裁判官に、「ここでは、僕が言った通りに（調書を）書いてくれますか」と聞いたら、「ちゃんと書きます」と。裁判官からは「あなたはこの事件のキーマンだから、覚えていることは正直に言った方がいいですよ」という言葉もあったので、村木さんからの指示を受けて証明書を作ったという勾留事実について「記憶がない。自信がない」って答えたんです。本当は、村木さんは関係ないってはっきり言えばよかったんですが、この時の調書はすぐに検察庁に行く、と聞いていたので、また絞られると思うと、怖くて言えませんでした。

江川　なぜ痕跡を残しておこうと思ったのですか。

上村　被疑者ノートは裁判で使われると思っていなかったので、裁判になった時に、何か検事の調書は僕が話したことと違う、ということを示せるものがないとダメじゃないかって思いました。

江川　その後、どうなりましたか。

上村　案の定、裁判所から帰ってきたら、その日の夜に取り調べがありました。裁判所の調書が机の上にバンと出されて、「これはなんですか」と詰問されました。國井検事は、いつになく、涙目になって迫ってきたんです。「何てことをしてくれたんだ」と言わんばかりの鬼気迫る表情で、激しく巻き返しに来ました。一生懸命僕を駒として育ててきたのに裏切られたという気持ちと、上司から「お前は何をやってるんだ」と言われて怒っていたんだと思いました。

「この件が組織的犯罪でないと言うなら、あなたの余罪について考え直さないといけないね」と、再々逮捕もちらつかされました。それで結局、元の通りの、村木さんの指示でやった、という調書を作られてしまいました。何でこんなに自分は弱いんだろう、罪のない人を陥れるような調書を作られて……と、本当に自分自身が嫌になりました。

江川　その國井検事はその後、村木さんの取り調べに回り、それまで村木さんを調べていた遠藤検事が上村さん担当になりました。遠藤検事のことで印象に残っていることは？

上村　遠藤さんには、反省文を書かされました。保釈の話が出ている時で、「検察庁としても反対はしないから」と言われていました。その翌日か翌々日に、「じゃあ、反省文を書いておこうか」と。それで書いたものに、私は「課長の指示」という文言はあえて入れなかったんです。そうしたら、遠藤検事が読んで「抽象的だね」と。そこで沈黙が続くんです。村木さんの指示があったと書かせたいというのが、ありありと伝わってきました。「弁護人と相談したい」と言ったんですけど、やはり「そんな相談してどうするんだ」と言われました。

ここでこじれると、また再逮捕されたり、保釈にならずに勾留が長引くんじゃないかと思って、「課長の指示」を入れた嘘八百の反省文を書き直しました。

江川　上村さんは、被疑者ノートに詳細に取り調べの状況やその時の心境を書いていますね。その時のことがリアルに伝わってくる内容で、裁判では、これが有力な証拠になりました。

上村　僕は、これが裁判の証拠になるとも思わなかったんです。弁護士さんは、証拠になるとか言うと、僕が緊張してかえって本音を書けないんじゃないかと思って、さりげなく「こういうのもあるから」って渡してくれたんです。それで、自分の気持ちを正直に、日記みたいに書き留められたんだと思います。検察官の態度、印象的な言葉、不本意な記載はどのような点かなどの項目があるので、それに沿って書くことで、自分を客観視できるというのが助かりました。これがあったので、弁護士さんに取り調べの状況を正確に伝えることができました。

江川　取り調べ中に、暴力をふるわれるようなことはありませんでしたか。

上村　検事は、僕に直接暴力をふるったりすることはありませんでしたけど、取り調べを受けている時に、隣か、その隣で殴られているようなすごい音がしたんです。何だろうと思ったら、國井検事から「河野（凜の会幹部）が嘘をついたから、今、検事にちょっととっちめられているんだよ」と言われて、場合によってはそういうこともあるんだ……と不安になりました。

江川　今回のことを経験して、検事に対する印象は変わりました？

上村　以前は、検事というのは悪いことは絶対しない正義の人と思っていました。でも、今回のことを経験して、検事もやっぱり組織の一員で、組織の事情、組織の方針が大事なんだな、と思いました。それに検察って、一度方針が決まったら、後戻りしないんですね。なぜなんでしょう。間違ったら、引き返せばいいじゃないですか。なのに、引き返そうとする人はいないんですかね。僕はもっと柔軟な組織だと思っていたんですが……。

法制審に望むもの

江川　取り調べの在り方が、どうなってほしいと思いますか。

上村　僕は、弁護士さんからは本当のことを話した方がいいと言われていました。でも、一人になると、どうしても負けてしまうんです。大阪地検特捜部長、副部長が逮捕された時、彼らが取り調べの可視化を求めたというほど、プロ中のプロであっても検察権力と一人で密室で対峙することは過酷なことです。私は、検事から「この件は、検事総長まで確認をとっているから」って言われると、一個人じゃ覆せないような、大きなものが襲ってくる感じがしました。だから、取り調べの時に弁護士がいてくれたらなあと思いました。生殺与奪の権は検察官にあるので、一個人ではとても抗しきれない。

自分自身が取り調べを経験して、よく分かりました。痴漢などで逮捕された人が、嘘の自白をしたら、職も失うし家族の信頼も失ってしまうと分かっていても、いつまでも留置場や拘置所にいたらしょうがないって、泣く泣く調書にサインしてしまう気持ちが。これは、たった一人で巨大な権力に立ち向かわなければならない経験をしてみないと、なかなか分かってもらえないものかもしれません。僕も保釈されてから、家族などに自分の意に反する調書が作られたわけを説明するんですけど、なかなか理解してもらえない。
江川　上村さんは、裁判で、「法廷と取調室のどちらかが話しやすいか」と聞かれて、「法廷の方が話しやすい」と答えていましたね。「第三者が聞いてくれているので、孤独じゃないから」と。
上村　そうです。この事件は、僕一人でやっているのが事実なので、それを話している限り、みんな分かってくれるだろうと思いました。取り調べにも、絶対第三者が入るべきだと思います。
江川　可視化も、事後的にではあるけれど、第三者の目が入るものですよね。可視化については、どのようなものが望ましいと、取り調べを受けた者として思いますか？
上村　法制審特別部会の中間報告で、可視化のやり方の案として、裁量を取り調べの担当官に任せるというのを読んで、笑ってしまいました。いったい、何のために議論をしてきたんでしょう。取り調べをする側が都合のいい部分だけを録音・録画するなら、取り調べの状況は今までと変わりませんよ。なのに、検察や警察は、理屈を付けて、できるだけ範囲を狭めようとしている。そうではなくて、まず全面的な可視化をやってみるのが大事じゃないかと思います。組織犯罪とかで本当のことを言わなくなる恐れがあるとか、いろんな「恐れ」を言うのは分かるけど、冤罪は「恐れ」というレベルではなく、実際に起こっているわけですから。だから、やってみて、問題があればそこを直していけばいい。なのに、なかなか踏み出そうとしないというのは、いったい何を守りたいんでしょう。

今回の事件で、検察の権力行使の正当性の源である「国民の信頼・信託」は完全に失われました。それなのに中間報告のような内側の論理が通るなら、国民の信頼・信託を再び得るのは永久に不可能だと思います。検察は変わったんだと国民に認めてもらえるチャンスは今しかないと思います。

江川　あと、証拠開示の問題がありますね。今は、全証拠を開示しないので、検察が都合の悪い証拠を隠そうと思えば隠せてしまう。この事件でも、まさに証拠隠しの中で、改竄まで行われました。

村木　そうです。証拠開示の制度がちゃんとしていれば、フロッピー隠しなどはやりにくかったでしょう。上村さんは、フロッピーのプロパティを見せられて、最終更新が六月一日と知ったという話でしたが、その日付は上村さんの調書にはまったく載っていません。検察官は、私には一言もフロッピーの存在は言いませんでした。家宅捜索で押収された物について書かれている上村さんの調書にも、フロッピーについてまったく書かれていないんですね。検察は、最初からフロッピーのことを隠すつもりだったんでしょう。というのは、検察のストーリーは、証明書は六月八日頃に作られて渡されたことになっているんですよ。それと矛盾するフロッピーは、早くから邪魔な証拠として外していたんじゃないかな、と思います。

江川　公判担当の検事が、たまたま事情を知らないままプロパティが添付された捜査報告書を開示したので、検察の意図がばれてしまったわけですけど、それがなければ分からなかったですね。

上村　検察がこういうものを押収しましたっていうのをリスト化して弁護側に見せないと、フェアじゃないですよね。検察側はいろんな証拠を握っていて、都合のいいものだけを出してくる。他に何を持っているのか分からなければ、反論のしようがないです。

村木　本当はどうなのか、ということが、裁判官の目に映らないようにできているんです。検察官の出してきたものを見ていると、上村さんと私は直属の上司と部下で、直接に指示し指示される関係のように読めてしまう。

江川　ご自身の体験から、上村さんは世間の人たちに何を一番訴えたいですか。

上村　忘れないでほしいってことですね。個人的には忘れたいんだけど、こういうことがあったっていうのを、教訓として忘れないでほしい。法制審の議論だって、村木さんが無罪になってから二、三年くらいすると事件の印象が薄まって、もう「可視化？　まあほどほどでいいんじゃないの」という感じになっていないでしょうか。それが怖いんですよね。検察は国民がこの教訓を忘れること、嵐が過ぎ去るのをしたたかに待っています。とにかく、可視化はまずやってみて、必要があるなら、そこから例外を作るという発想でやってほしいです。

江川　ありがとうございます。

＊1　裁判での検察官らの説明によれば、國井検事は村木さんらが起訴されてまもなくの七月中旬に前田検事から改竄の事実を知らされているが、遠藤検事ら他の検事が知ったのは、初公判が開かれた後だった、という。遠藤検事が誰のどういう指示で上村氏に電話をしてきたのかは、明らかでない。

＊2　「障定協」は、第三種郵便物の要件のうち、年間の発行回数や一回の発行部数等を満たせない障害者団体であっても、加盟団体それぞれが発行する刊行物をまとめて障定協から発行される形を取ることによって、低料第三種郵便物制度を利用できるようにすることを郵政当局との間で合意した団体。民営化の後も、この合意は引き継がれている。本件では、「凜の会」代表者が最初に厚労省に相談した際、上村氏の前任者が「障定協」の審査を受けるように紹介した。ただ、同会が当初述べていた条件であれば、「障定協」に加盟する必要はなく、同会担当者は、厚労省の対応に不満を抱いていた。また、障定協の事前の審査を受けさせるという方針を当時の社会参加推進室の中で、いつ、誰が決めたのかは不明である。

第三章　一人の無辜を罰するなかれ
◎周防正行監督インタビュー

周防正行（すお・まさゆき）

1956年東京都生まれ。映画監督・脚本家。立教大学卒業後、84年に映画監督デビュー。代表作に『シコふんじゃった。』『Shall we ダンス?』『終の信託』など。

３年半に及ぶ取材を重ね、2007年に痴漢冤罪をテーマにした『それでもボクはやってない』を公開、反響を呼ぶ。現在、法制審議会「新時代の刑事司法制度特別部会」の委員も務める

チェック可能なところで冤罪が起きている

私が裁判や冤罪事件に関心を持ったのは、二〇〇二年暮れ、痴漢事件で東京高裁が逆転無罪判決を出したことを報じる新聞記事を読んでからです。無罪を勝ち取った本人、支援者、弁護人の方に話を聞いて、同じように痴漢事件で無実を訴えている人たちの裁判を傍聴するなどの取材を始めました。

それまでも、冤罪というものがあることは知っていましたが、人間が人間であるために不可避的に起きる間違い、人智を超えたところで起きる防ぎようのない問題、ということなのだろうと漠然と思っていました。ところが、実際に取材をしてみると、そうではなくて、本来はチェック可能なところで冤罪は起きている。初動捜査の時のちょっとしたボタンの掛け違いだったり、誰かの思い込みであったり……。これは驚きでした。

当事者一人ひとりに取材すると、痴漢事件の犯人にされてしまうパターンが皆同じなんです。被害者に疑われて、事情を話すつもりで駅の事務室に行ったのに、そこでは話を聞いてもらえず、警察署へ連行され、現行犯逮捕だと言われて拘束されてしまう。「やっていない」と言っているのに、「何を言ってる！　被害者がお前と言ってるんだ」と責められる。裁判では、被害者証言と被告人の言うことが比べられ、「被害者が嘘をつくはずがない」ということで有罪になる。皆が同じということは、システムに何か問題があるのではないかと思いました。

一時は痴漢事件から離れてもう少し広く刑事裁判というものを見てみました。結局、普通の人たちが明日自分が巻き込まれるかもしれないという、一番身近な事件として痴漢事件を映画の題材に選びました。それは、痴漢に間違われる男性だけではなくて、被害に遭う女性にとっても、いつ当事者になるか分からない。間違えられた男性の妻だって、事件の加害者の妻として、非常に苦しい立場におかれてしまう。そういうことが、あの混雑している通勤電車で起きている。これなら、身近な問題として考えてもらえるだろうな、と思いました。痴漢事件の裁判を通して、「一〇人の真犯人を逃すとも、一人の無辜《むこ》を罰するなかれ」ということを考えてもらう作品にしたかったのです。それが『それでもボクはやってない』という映画です。

「疑わしきは罰せず」

痴漢事件は、毎日起きている。でも、以前は、被害者が訴えても、相手にされなかった。「証拠がない」と言われて終わり。ところが、一九九〇年代から迷惑防止条例で取り締まり、立件するようになった。もちろん、女性を泣き寝入りさせてはならないという社会的な声もあったでしょう。しかし、物証があるような事件ではないから、被告人の言うことと、被害者の言うことを比べて、どちらの供述に信用性があるかという判断になる。その結果、多くの裁判官は「被害者が嘘を言うはずはないし、そもそも嘘をついてまで、見ず知らずの被告人をあえて罪に陥れるような理由はない」ということで被害者供述の信用性を肯定して有罪にした。

訴えられた側としては、被害者供述を徹底的に検証するしかないわけです。そこで弁護士たちが工夫して、被害者供述に基づいた再現実験を行うようになった。例えば、男性の右手はドアの上の方に押し当てられていて、左手で女性のお尻を触ったという場合、本当にその体勢や位置で痴漢行為ができるのか、と。女性のお尻には左手が届かないということを証明できた時に、逆転無罪が出る。

でも、こういった争いが、いったい誰のためになっているんだろうか。たくさんの痴漢事件を傍聴していて、被害者と被告人の供述の一言一句を、まるで揚げ足をとりあうように微に入り細に入り突っ込む検察官と弁護人、そして裁判官を見ていると、そう思わざるをえませんでした。

僕は、被害を受けた女性にとっては辛いかもしれないけれど、「裁判には限界がある」「はっきりした証拠がなければ有罪にはできない」ということを理解する必要があると思う。それに、被害女性の中にも、「この人が犯人だ」と確信を持っているわけではなく、「この人が犯人に思えるけれども、はっきりしないから調べてほしい」という気持ちで訴え出た人もいるのではないでしょうか。けれど警察は、被害者が訴えているのだから犯人に間違いないと決めつけ、例えば目撃者といったような裏付け捜査はほとんどしません。

裁判で犯人を作ることより、痴漢被害が起きにくい環境を作ることのほうが、よほど賢明な対処法だと思います。痴漢事件の裁判は、「男はみんな触りたがるもの」という前提でもあるのか、動機が争点になることはほとんどありませんが、もし本当にすべての男に痴漢の動機があるのだとするなら、そういう男と女を満員電車に押し込めるのは、犯罪を誘発しているようなもの。男性車両、女性車両を作って、その環境を変えるだけでも、刑事裁判をやるよりよほど痴漢は減るでしょう。

今は、訴えた人も訴えられた人も不毛な戦いをせざるを得ない。物的な証拠や確かな第三者の目撃がない場合、裁判が難しくなるのは当たり前なのです。だからこそ「疑わしきは罰せず」という原則が重要なのです。

「疑わしきは罰せず」と一般的に言われている言葉は、「疑わしいだけの人を罰してはならない」という意味です。[*1] でも、実際の裁判を見ていると、「この人は疑わしいから捕まえておきましょう」という感じになってしまっています。無罪になるには、被告人側が検察の有罪立証に合理的な疑いを差し挟むことができればよいはずなのに、現実には、ほかに真犯人がいることが分かったり、弁護側が無実の証明を果たさないと、無罪にならない。それが痴漢事件だけでなく、日本の刑事裁判を見ていて、私が感じたことです。

法制審で議論されていること

裁判というのは手続きです。村木さんの事件をきっかけに、真に公正で公平な裁判を実現するための手続き、新たな仕組み作りが求められるようになり、法制審議会の特別部会ができたのだと思います。

ところが、ここに出席されている警察・検察関係者の方たちは、なるべく少ない改革で済むようにがんばるのです。「ちょっと待ってくれ。何のためにみんなが集まって改革の話をしているんだ」と言いたくなる場面がしばしばあります。彼らも、こういう会議ができたんだから、少しは変えなければならないのは分かっているけれど、改革の幅をできるだけ小さくしようとしている。私が全面的な証拠開示を求め、証拠は公共の財産なのだと訴えても、「全面証拠開示はありえません」という反応で、ある学者は、「そんなことをしたら、被告人側がすべての証拠に矛盾しないような言い訳を準備する」と主張する。

私は、全面証拠開示をしないことの弊害のほうがずっと大きいと思っています。あわせて取り調べの全面可視化をし、人が間違いを犯しやすいところで必ずチェックがはいるシステムを作るしか、冤罪を極力減らす道はないんじゃないか、と考えています。

ところが、法制審では冤罪に触れると、「そもそも冤罪とは何か」と言葉の定義を問題にする人がいるわけです。だから、あの会議では「冤罪」という言葉がなかなか使えない。警察・検察関係者にとっては、再審無罪となった布川《ふかわ》事件[*2]は、冤罪ではないようです。たまたま有罪が立証できなかっただけ、という態度です。結局、（無罪判決となった元受刑者の）桜井昌司《さくらいしょうじ》さんを会議に呼んで話を聞こう、とはならなかった。氷見《ひみ》事件[*3]のように真犯人が出てきたとか、足利事件[*4]の菅家利和さんのようにＤＮＡ鑑定が間違っていたとか、村木さんのように検察官が証拠の改竄をしたといったような、決定的な事実がない限り、彼らは冤罪であることを認めようとしません。そして、日本の警察・検察の取り調べがいかに優秀であるかを、得々と語るわけです。いかに丁寧で緻密な取り調べが行われ、それで犯罪を取り締まり、治安を守っているかを堂々と喋るのです。村木さんが横にいるのに、ですよ！

村木さんの体験を聞いても、あれは特殊な例外だとして隅に追いやられているような気がします。本当は、村木さんの事件がきっかけで、この特別部会もできたはずなのですが、警察・検察関係者や一部学者の先生方は、そのことを忘れてしまったのでしょうか。本来は、村木さんの事件で露わになったシステムの不具合について、まずは対応しなければならないのに、その問題へのフォーカスが甘くなって、議論が拡散している感じがします。冤罪をなくすために、という目的が薄められてしまっています。私は、証拠開示と取り調べの可視化、そして人質司法と言われる不当な勾留の三点に特化した議論をしてもいいくらいだと思うのですが、警察・検察はこの機会に、新たな捜査手法や、被害者等の保護を口実として、被告人の防御権や裁判の公開を制限する制度を導入しようとしています。そして、新しい犯罪に対してもっと捜査手法のバリエーションを増やさないと、日本は治安の乱れた国になりますと言うわけです。日本の治安がいいのは、これまでの警察の努力によるもので、それがやりにくくなって治安の悪い国になってもいいんですか、と恫喝されているような気持ちになります。海外の制度についての資料も出ているのですが、なんで日本より治安の悪い国の制度を真似しなきゃいけないのか、という感じなのです。

法制審の委員になっている学者の方は、すぐに法律の整合性や、取り調べの可視化や証拠開示、勾留についての考え方に論理的矛盾があるのかないのかといったことを口にされます。ですが、例えば証拠開示に対する考え方を聞いていても、むしろ彼らの発言の中に論理的な矛盾を感じたりもするのです。僕が証拠の全面開示を求めると、「当事者主義の原則の下では、全面一括開示は相当でない」という意見が出てくる。ですが、同じ「当事者」といっても、検察と被告人では圧倒的な力の差がありますし、そもそも証拠は税金を使って集めたもので、国民の共有財産でもあります。けれども、彼らにとっては「当事者主義」と「全面証拠開示」は理屈のうえで整合しないからダメだということらしいです。

しかし私は、学者の先生が言うことのほうが理屈が通っていないと考えています。現在のように、警察や検察が被告人に有利な証拠を隠せるような制度のほうが、全面一括証拠開示より、圧倒的に不合理な制度です。今は、証拠をすべて開示する必要はないので、被告人に有利な証拠を隠した検察官も、それほど罪悪感を感じていないんじゃないか。証拠の全面開示が原則になれば、多くの検察官は、証拠隠しに罪悪感を覚えるはず。そういう状態にしてほしい。つまらない理屈や警察や検察に対する過剰な信頼を捨て、現に冤罪は起きているのですから、冤罪を減らす手立てを考えることが大事です。

三つの重要点

私は法制審議会の委員に選ばれた時、現状の刑事司法における大きな問題点は三つあり、まずそのことについて強く訴えようと思っていました。その一つ目が、証拠開示です。何度も言うようですが、証拠は全面一括開示されるべきだと考えています。証拠というのは、見ようによっては有罪を証明しているように見えるけど、別の見方をすれば無罪を裏付ける証拠に見えたりすることもあるわけで、いろいろな人の目に触れて、いろいろな角度から光を当てたほうがいいと思うんです。

二つ目は取り調べの全過程可視化です（参考人の事情聴取も含めた）。警察・検察の関係者は、できるだけやりたくないようですが、何も可視化は、被疑者・被告人にとって有利なことばかりではなく、不利になることもあるのです。例えば、今までは無理やり嘘の自白をさせられたと言えたのに、映像があればそんな言い訳もしにくくなる。なのに特に警察は、できる限り今までのやり方を変えたくないんです。これまでのスタイルを維持したい。築いてきた取り調べのテクニックなどを変えなければならないので大変かもしれないけれど、覚悟を持ってやってほしい。

可視化に関しては、それを拒否する権利を被疑者に認めるかどうか、という議論もあります。今、可視化の試行が行われていますが、拒否する人もいます。ただこれは、取調官の説明の仕方もあるのではないでしょうか。ビデオ撮影することについて、「お前が何を喋ろうが、それは全部記録に残るんだ」と言われたら、ぎくっとして嫌だと思うだろうし、「取り調べの公正さを担保するために記録するものです」と説明されれば、まったく違う受け止め方になるでしょう。

取り調べをする時に、「これから取り調べをしていいですか」などと聞いたりしないわけですから、可視化についても、いちいち被疑者の意見を聞いたりしないで、全事件で取り調べは自動的に可視化するもの（取調室に入ったら録音・録画する）、としておけばよいと思っています。

もし、どうしても拒否する権利を認めるなら、「可視化してくれ」と言う権利も認めるべきです。

参考人の事情聴取も可視化してほしいと思います。それは物理的に無理だと警察・検察の人は言いますが、それならせめて録音はすべての取り調べで行うべきでしょう。ビデオ録画は、被疑者や参考人の承諾を必要とするが、音声の録音はその必要なく全部やる、という考え方もあります。もちろん参考人自らが録音するために録音機を持ち込んだっていいはずです。参考人の可視化もやると決めればいくらでも手だてはあるはずなのに、物理的な理由や経済的な理由を持ち出して無理だというけど、本当はやりたくないだけで、そのやりたくない理由を言えないから、物理的に無理だというようなことを言っているようにしか思えません。

そして三つ目は人質司法の問題。これを持ち出した時の、一部学者や裁判所関係者の反応には驚きました。「そんな実態があるとは認識しておりません」「適切に対処しております」と言われてしまった。裁判官がちゃんと見て、勾留すべきものは勾留して、釈放すべきものは釈放していると言うんですよ。みんな、自分がやっていることは正しいと思っているんですね。さすがに最近は、痴漢事件では無理な勾留はしなくなってきたようですけど、他の事件では、村木さんを始め、自白しなければ勾留が続くという、取り調べのための無理な勾留があるのが実態です。

裁判官は、「逃亡の恐れ」とか「罪証隠滅の恐れ」とか言いますが、一番心配しているのは、自分のことじゃないでしょうか。何かあった時に、後で責任を問われるのを心配している。そういう心配をし始めたら、世の中の怪しそうな人は、全部捕まえておかないといけなくなる。双方の話を聞いて、勾留の理由がないと判断したら、堂々と釈放したらいいんですよ。

法制審で議論をしていると、警察・検察、それに専門の学者の先生方の発想は、前提が違うんじゃないかと思うことがしばしばあります。捕まったのは悪い奴で、そういうヤツに先に証拠を見せたら嘘の言い訳に使うに違いないという前提でモノを考えているように思えてなりません。被告人が本当にその犯罪を犯したといえるのかどうかを見極めるのが刑事裁判で、被告人は無罪であるという前提からスタートしなければならないことになっているはずです。

裁判は真相究明の場ではない

専門家だけではなく、一般市民の感覚も問われています。

何かの犯罪を犯したとの疑いで誰かが逮捕されたとき、「もし釈放して、新たな犯罪を起こされたら困る」という発想は一般市民にもあるような気がするのです。犯罪を犯した人への処罰感情もどんどん高まっています。でも、もし、その人がやっていなかったら、どうするのでしょう。

裁判は万能ではなく、やった人を一〇〇パーセント有罪にして、やっていない人は一〇〇パーセント無罪にする、という完璧さは期待できない。だから、「一〇人の真犯人を逃すとも、一人の無辜を罰するなかれ」という考えが出てくるのです。

ところが、そうすると、逃した一〇人の真犯人はどうするんだ、ということになる。この時、ヨーロッパの人なら「それは神が裁く」と答えるようですが、日本ではどうでしょうか。一〇人を逃したことを納得できない気持ちが強すぎると、一〇人の真犯人を逃さないためには、一人の無実の人を罰してもしょうがない、という社会になりかねません。しかし、真犯人をたとえ逃してしまっても、無実の人を罰するよりは、余程いいのです。なぜなら、冤罪は、無実の人を罰する上に、真犯人を逃すという二重の過ちを犯すことになるのですから。

裁判で、真犯人が明らかになるとは限らない。裁判は、事件の全真相を解明する場でもない。テレビや映画、小説のミステリーや裁判ものの多くは、最後に必ず犯人は誰、と分かる。だから、僕の映画『それでもボクはやってない』を見て、「それで、真犯人は誰だったの？」と聞いてくる人もいるんです。

でも、実際の事件では、誰が犯人なのか分からないというところから捜査を始めなければならないし、必ず真犯人が特定できるわけでもない。裁判で審理をつくして被告人の有罪、無罪を判断したところで、本当にその判断が正しかったかどうかは被告人しか分からないし（もちろん被告人だって分からないケースもある）、ましてや犯人の動機や手順といった事細かな「真相」まで、ミステリー小説のようには明らかにならないのです。裁判官は全能の神ではないのに、過剰な期待をかけすぎている。そもそも裁判は、過去に起きた事件について、その場にいなかった人たちがほとんどの中、痕跡だけを集めて、ああだった、こうだったと言い合っているわけです。それなのに、裁判では真相が明らかになると、僕らは過大な期待をしすぎている。

裁判は、真相究明の場ではなく、被告人が本当にその罪を犯したと、合理的な疑いを差し挟む余地がないほどの立証を検察官ができたのか、もし犯人だとすればその責任はどれくらいかを見極める場所です。なのにマスメディアも、「真相解明」を言い過ぎです。

人が人を裁く制度が、どういう経緯を経て、今のような形になってきたのか、もっと学ぶ必要があるんじゃないか。人間には限界があって、どこで間違いが起こるか分からない。裁判だって、そうなんです。裁判が、どういうものなのか、みんなもっと知らないと。そういう意味では、裁判員裁判は、ある種の教育的な作用があるとは思いますが、なぜ裁判官だけでなく、一般市民が入るのか。裁判員法を読むとがっかりします。国民の司法に対する理解と信頼を向上させるため、と書いてあるんですよ。まるで広報のような扱いですね。でも実際はそうじゃない。一般市民が入ることで、裁判をより公平で公正なものにするチャンスがあるんです。だから、私たちが裁判で正しい判断をできるようにするためには、今、何が必要か、ということを考えなければならないんだと思います。

＊1　法律の世界の格言として、「疑わしきは被告人の利益に」といった時の「疑わしき」は、検察官の有罪立証に「疑わしい（合理的な疑い）」ところがあれば被告人を無罪にするということを指す。

＊2　布川事件……一九六七年八月に茨城県北相馬郡利根町布川で発生した強盗殺人事件。近隣に住む桜井昌司さん、杉山卓男さんが逮捕、起訴され、無期懲役が確定した。しかし、証拠は被告人の自白と現場の目撃証言のみで、当初から冤罪の可能性が指摘されていた。二〇〇九年に再審が開始され、二〇一一年五月に無罪判決が下された。

＊3　氷見事件……二〇〇二年三月に起きた強姦を始めとした二件の容疑において、二度にわたって逮捕された柳原浩さんが懲役三年の刑に服した。しかしその後に、本二件を含めた一連の婦女暴行事件の真犯人がわかり、柳原さんの無実が明らかになった。〇七年に再審が行われ、無罪が確定した。

＊4　足利事件……一九九〇年五月栃木県足利市にあるパチンコ店駐車場から女児が行方不明になり、翌朝、近くの河川敷で遺体となって発見された。殺人容疑などで菅家利和さんが逮捕、起訴され、無期懲役が確定した。しかし、二〇〇九年五月の再鑑定により、遺留物のＤＮＡが一致しないことが判明した。服役中だった菅家さんは一七年ぶりに釈放され、その後の再審で無罪が確定した。

おわりに

事件が終わって、よく聞かれる質問があります。ひとつは、「どうして耐えられたんですか」という質問です。この問いには、本書の中でお答えすることができたと思います。

弱い人だけが虚偽の自白をするわけではありません。プロの、しかも「熱心な」取調官と密室で対峙した時、不慣れな「素人」は、往々にして虚偽の「自白」に追い込まれるのです。レフェリーもセコンドもいないリングに上げられて、プロのボクサーと対戦させられた素人が、巧妙な誘導や勾留が続く恐怖に耐えかねて、調書にサインしてしまうことを、誰が責められるでしょうか。私が今回耐えることができたのは、多くの幸運に助けられたからです。こうした今の取り調べや調書の在り方を早く変えなければなりません。

もう一つ、よく聞かれる質問が「大阪が嫌いになったでしょう?」「検察が嫌いになったでしょう?」「マスコミが嫌いになったでしょう?」という質問です。

大阪は大好きです。都島区《みやこじま》にある拘置所で半年近く暮らしました。拘置所で夜ラジオで流れるナイター中継はいつも阪神戦です。巨人ファンだったはずなのに、すっかり阪神ファンになりました。その後、裁判のために大阪に通い続けました。キヨスクで、新聞やのど飴を買うと、おばちゃんがおつりを渡しながら、「がんばってや」と声をかけてくれます。タクシーに乗れば、料金を払って降りるときに「飴あげる。がんばってな」と運転手さんが声をかけてくれます。お好み焼き屋さんで娘と夕飯を食べていた時には、隣のお客さんとすっかり仲良しになって、散々バカ話をした後、お勘定をして帰る最後の最後に「がんばって」と声をかけられました。

検察のことはどうでしょう。何人もの検事の仕事ぶりを垣間見ることになりました。取り調べを担当した二人の検事を見ながら、ふと、自分の職場に彼らがいたらどうだろうと考えました。一人は自分の部下にほしいと思いました。一人は絶対に来てほしくない人物でした。公判も終盤に差しかかり、被告人尋問の時、傍聴に来ていた娘が、検察側の席を観察していたらしく、「ママが、『執行猶予がつけば大したことないでしょう』と言われて泣いたときの話をしているとき、女の検事さんが顔を真っ赤にして泣くのをこらえてるように見えたんだけど……」

と報告してくれました。その時は不思議でなりませんでしたが、後で考えれば、彼女はフロッピーディスクの改竄を知っていて、苦しんでいたのでしょう。

勾留中に読んだ本にヴィクトール・E・フランクルの書いた『夜と霧』があります。精神科医がナチスの収容所での体験を記した本です。その本の中で著者は、収容所に収容されている人間の側にも、ナチスの側にも、いい人と悪い人がいると書いてあって、「検察もそうなのだろうなあ」と思いました。無理な取り調べ、創作された調書、証拠の改竄、そして、検察の主張と決定的に矛盾する証拠が（故意と知っていたかどうかはともかく）改竄されたまま被告人にこっそり返還されたと知っても何の対応もせず、公判を続行した多くの上司、どれも許せるものではないと思います。それでもなお、多くの検察官は優秀で職務熱心だと思います。仕事や基金の活動で知り合い、尊敬している方もたくさんいます。だからこそ、システムとして、無理な取り調べをしないで済む、間違いに気づいたら引き返せる、そういう仕組みを作ってほしいのです。検察の持つ役割の重要性と権力の大きさを考えれば、市民の側から見たとき、「あいつらは悪い奴だ」「検察は嫌いだ」では済まないのです。

「マスコミ」はどうでしょう。事件の記憶の中で、もっともつらい記憶はマスコミに関する記憶です。一方で、私の無実を社会に訴えてくれる大きな力になったのもマスコミです。保釈が近づいた頃、とてもお世話になった刑務官の方が、「マスコミと付き合って幸せになった人はいませんよ」と忠告してくれました。事件に関しても、また、今の仕事の上でも、マスコミの方々にお世話になりながら、刑務官のこの言葉を時々思い出して苦笑しています。いずれにしても巨大な力を持つ権力であり、外のチェックが働きにくいという点でも検察と似たところがあるかもしれません。こちらの方は「制度改革」ではなく、まさしく、自らの努力に期待するほかありません。

事件に関しては、マスコミだけでなく、ネットなどを通じて、応援をしていただいたり、また、様々な情報が飛び交ったりもしました。こうした新しい情報伝達の手段も大きな力を持ち始めていることを知りました。

この本を出版することで、刑事司法とは無縁と思っている方々に、郵便不正事件とはなんだったのか、取り調べという密室では何が起こっているのか、そういうことを知ってほしいと思っています。また、刑事司法の実務に携わる方や学者の方に、被疑者、被告人の立場になって初めて分かった今の制度の危うさを何とかお伝えしたいと思っています。

とりわけ上村さんの体験を世の中に伝えたいと思いました。彼の被疑者ノートを読むと彼の苦しみが本当によく伝わってきます。彼にとっては、罪を犯したことへの悔恨、ひどい取り調べを受けた屈辱などどれも思い出すのもつらいことだろうと思います。広く事実を世に伝えるために、インタビューに応じ、また被疑者ノートの内容を本に載せることを決断してくださいました。心から感謝しています。

本を出したいと思って、最初に浮かんだのが「婦人公論」の三木哲男編集長のお名前でした。勾留中から、丁寧なお手紙をいただき、起訴後の早い時期から、事件の大方の報道に疑問を投げかける記事を掲載していただきました。本を出したいという私のお願いを聞き入れていただいて心から感謝しています。

本を出して伝えたい、そんな素人の思いを形にして下さったのが江川紹子さんです。構成とインタビュー担当をお引き受けいただきました。私が拘置所でつけていた被疑者ノート、裁判中に整理した覚書、裁判記録や、友人知人が熱心につづってくれた裁判傍聴記、そしてインタビューをもとに見事に本の形にしてくださいました。江川さんには叱られるかもしれませんが、何か基本的な物事の感じ方が似ているようで、本当に私の思いをそのまま形にしていただきました。心から感謝しています。

法制審にいっしょに参加させていただいている周防監督にインタビューに応じていただいたことにも、心から感謝しています。

中央公論新社の編集者である工藤尚彦さんには、一方ならぬお世話になりました。本の出版など何もわからないまま「急いで出版したい」という私のわがままを聞き入れて様々な難局を乗り切ってくださいました。私と江川さんという二人の「おばさま」のわがままを聞きながら、本の完成までこぎつけるには相当な忍耐力が必要だったに違いありません。また、事件をよく知らない人に、いかにわかりやすく伝えるか、という観点から様々な工夫をしていただいたことにも心から感謝しています。

事件の時も、そして今も、多くの人に支えられていることに心から感謝します。

そして、この国の刑事司法がよりよいものとなることを心から願っています。

二〇一三年一〇月

村木厚子

〈解説〉真相は今も隠されたまま

江川紹子

いかにして上村さんは「自白」させられたか

「初めて会った時は、まだ普通に会話できる状態だった。それが数日後から、どんどん精神的に落ち込んでいって、ローな状態になっていった。自殺などの最悪な状態にならないよう、支えるので精一杯だった」

逮捕されてからの厚労省元係長の上村勉氏の様子を、弁護人の鈴木一郎弁護士はそう語る。大阪弁護士会所属の鈴木弁護士が、初めて大阪拘置所で上村氏に接見したのは逮捕翌日の二〇〇九年五月二七日。事前によく事情を知らなかった鈴木弁護士は、新聞記事を読んで、村木厚子氏に上村氏が使われて起きた事件、と思っていた。ところが、接見で上村氏は、「全然違うんです。私一人でやったのに、どうしてこうなるのか分からない」と訴えた。

翌日に「被疑者ノート」を差し入れた。差し入れる時にこのノートを書く意義を詳しく説明する場合もあるが、上村氏に対してはあまりそれを語らなかった。それは、「まじめな人に重要性を説くと、裁判所に提出する公的文書という意識が働いてしまい、気持ちがありのままに記録されないのではないかと思った」（鈴木弁護士）から。その後も拘置所が接見を認めない日曜日を除いて、鈴木弁護士ともう一人の弁護士が、連日接見に通い、上村氏を支え続けた。

当時の上村氏の状況を、鈴木弁護士は次のように語る。

「まず、自分の記憶に自信が持てなくなってしまったんです。確かだと思っていたことが、それと異なる客観証拠を示されて、『それは違うぞ』と言われる。何年も前のことですし、日付についての人間の記憶は変わりやすいものなんですが、そういうことを知らないと、『違う』と言われただけで自分の記憶についての自信がガラガラと崩れていく。そこにつけ込まれたんです。自分に対する自信がなくなったところへ、検察のストーリーをダーッと聞かされた。『あの人はこう言っている』『この人はこう言っている』、『だから理屈で考えるとこうなるでしょ』という論法で攻められた」

上村氏は、被疑者ノートの最初（五月二八日）に、こう書いている。

〈だんだん外堀からうめられている感じ。逮捕された私から村木の関与の供述が得られれば検察のパズルは完成か〉

取り調べの國井弘樹検事には、検察側の見立てに合わず、パズルのピースにならない供述は聞き流されるか、否定された。

「人間はかなり追いつめられた状況でも、自分の話を聞いてもらえれば、まだアイデンティティを保っていられる。でも、上村さんが置かれたのは、何を言ってもはねつけられ、まるで壁に向かってしゃべっているような状況でした。自信をどんどん喪失していく中、弁護人が接見できない土曜日の午後以降に、最初の『自白調書』がとられたんです」

被疑者ノートの記載によれば、逮捕されて最初の土曜日である五月三〇日、鈴木弁護士は午前一〇時に上村氏に面会した。取り調べは、同日と翌日の日曜日のいずれも夕方から夜にかけて行われ、三一日付で村木氏の関与を認める調書が作成された。

この日の被疑者ノートに、上村氏はこう書いている。

〈國井検事のいいとこどりで作文された〉
〈えん罪はこうして始まるのかな〉
〈こういう作文こそ偽造ではないか〉

鈴木弁護士は、検察の取り調べによって、虚偽の『自白』が作られた、と言う。

「記憶通りに話せば、『ウソをついている』と決め付けられる。何を言っても受け入れられない。他の人の〝証言〟を突きつけられ、自分がウソをついていないということは証明しようがない。そのうち、『自分が忘れているだけではないか』という錯覚に陥ったり、『自分が知らない間に何かあったのではないか』という疑心暗鬼の中で、『自白』に追い込まれている。虚偽の『自白』は、こうして作られるんです」

鈴木弁護士が接見に行っても、上村氏は口数が少なくなり、見るからに睡眠がよくとれていない状態だった。

「就寝前に取り調べがあると、いろいろ考え込んだりしてますます寝られなくなる。そういう時間帯に取り調べをやるのは、被疑者を追いつめる、彼らのテクニックの一つでもあるんです」

実際、被疑者ノートに記載されている取り調べ時間を見ると、ほとんどの日で、夕食後に取り調べが行われている。

睡眠不足が続くと、精神的にダウンするだけでなく、体調も悪化する。父親が自殺する夢を見たり、涙もろくなった。

鈴木弁護士は、「検察に抗議をしようか」と提案してみた。だが、上村氏は同意しなかった。弁護士からの抗議があれば、さらに自分への風当たりが強くなるのではないか、と恐れたのだ。

さらに鈴木弁護士は、勾留に対する準抗告などの法的手段を考えた。しかし、今の裁判所では、なかなか勾留に対する異議申し立ては認められない。そうすれば、検察側は「裁判所も検察の正しさを認めた」というふうに利用するだろう、と考えた。

「上村さんは根はまじめで、やさしくて、人の役に立ちたくて公務員になった人です。今でも、村木さんに対しても、ひたすら『自分のせい』で迷惑をかけて申し訳ないと思い詰めている。『検察官のせい』とはなかなか思えないんですね。そういう人ですから、僕らが励まそうとすると、なんとか励ましに応えようとするんです。でも、それに応えられないと、弁護人を裏切ったんじゃないかと思って、さらに落ち込んでしまう。無理に励ますと、こういう負のスパイラルに入っていきかねない。それに加えて、裁判所にまで否定されたら、負のスパイラルが加速してしまうと思いました。特に、再逮捕以降は、とにかく『早くここを出たい』『お父さんとお母さんのもとに帰りたい』という思いばかりが募って、ある種のホームシック状態になっていました」と鈴木弁護士。

そうなると、被疑者の運命を支配する検察官は絶対的な権力者に見えてきて、すがりたい気持ちも出てくる。話を聞いてくれず、調書を「作文」することに憤慨しながらも、密室の中では権力者に迎合する心理状態となっていきやすい。それがさらなる虚偽の『自白』を生んでいく。

そのうえ、検察官は〝余罪〟を調べると称して、再逮捕の不安を煽ったかと思うと、それを大目に見るような素振りで上村氏の気持ちを翻弄した。検察の言う通りにしなければ、永遠に外に出られないような恐怖が、上村氏の心を支配していった。

精神的に弱り切った上村氏の状態を考え、鈴木弁護士は法的対抗手段は控えて、ひたすら支えることに徹した。救いは、上村氏が被疑者ノートに取り調べ状況や心境を克明に綴っていたことだった。

「これだけの内容があれば、法廷で戦えるだろう」

その鈴木弁護士が、一度だけ上村氏を強く励ましたことがある。それは二度目の逮捕の後の勾留質問の直前。裁判官の前で事実を語ったという証《あかし》を残しておくことの意義を説明し、がんばって本当のことを話すように勧めた。

「たまたまとてもいい裁判官」（鈴木弁護士）が担当で、「あなたは事件のキーマンだから」と事実を語るように促したこともあり、上村氏も何とか、村木さんの関与について「記憶にない」と語ることができた。その晩の、検察の取り調べで、再び村木さんの関与を「自白」させられるのだが……。

保釈になり、自宅に戻ってからの上村氏の精神状態は、鈴木弁護士の目にも「全然違う」ほど回復した。直接検事から事情聴取の申し入れがあった時も、きっぱりと「弁護士を通してほしい」と断っている。とはいうものの、恐怖心は長く尾を引いている。今回、本書の付録として掲載した被疑者ノートの内容を確認した際にも、拘束されていた当時の思いが蘇ってきた、という。

本来、身体を拘束する勾留は、住居不定、罪証隠滅の恐れ、逃亡の恐れがある場合に限って認められる。ところが実際は、外の目がまったく入らない密室での取り調べとセットになって、捜査機関が望む「自白」を採るための仕掛けとして使われる。上村氏の場合もまさに、この「自白セット」がフルに稼働し、そこで作られた供述を元に、村木氏が逮捕・起訴されるという冤罪を生み出した。

データ改竄の真相

偽造した証明書のデータを保存してあったフロッピーディスク（ＦＤ）は、弁護人にとって頭痛の種だった。鈴木弁護士が自分のパソコンで開いてみると、明らかに最終更新日の日付がおかしい。上村氏は〇四年六月一日となっているプロパティを見せられて、自分の記憶の曖昧さに衝撃を受けた。なのに、返還後のＦＤでは最終更新日が八日になっていた。ＩＴに詳しい若い弁護士に見てもらったが、明らかに誰かが改竄したとしか考えられなかった。

「本当に申し訳ないのだが、初めは上村さんを疑ってしまった。村木氏によかれと思って、いじったのではないか、と……」と鈴木弁護士。これまで、刑事事件の弁護で検察が抱える様々な問題を実感していた鈴木弁護士も、まさか検察官が証拠の改竄までやるとは、思ってもいなかった。

しかし、冷静に考えれば、この改竄は上村氏にとっても村木氏に対してもメリットはない。

上村氏自身も、FDをパソコンに入れてみたことはない、と否定している。そうなると、やはり検事が手を加えたとしか考えられない、と鈴木弁護士は思った。

「でも、これを裁判に証拠として出せば、僕らが疑われる。いくら法廷で説明しても、検察で改竄されたなんで、裁判官は信用してくれないだろう。証拠として出すなら、誰が改竄したのかはっきりした時点でなければ、上村さんの人間性に対する信頼がなくなり、かえって不利益になってしまう。かといって、鑑定には多額の費用がかかるので無理。村木さんの裁判は、このFDがなくてもうまく進んでいて、おそらく無罪が出るだろうと思った。だから、あえてこのFDには触れないでいようということにした」

その後、朝日新聞記者から、大阪地検の中でFD改竄の噂が流れていることを聞き、鑑定に同意。上村氏に返される前に、日付が検察のストーリーに合うように書き換えられていることがはっきりした。

鑑定の結果は、村木さんに無罪判決が出された後の、一〇年九月二一日朝刊で、スクープ記事として報じられた。記事では、捜査の主任検事だった前田恒彦・大阪地検特捜部検事（当時）の、「上村氏がデータを改竄していないか確認した。改竄は見あたらなかったため、ソフトを使ってFDの更新日時データを書き換えて遊んでいた。USBメモリーにコピーして操作していたつもりだったが、FD本体のデータが変わってしまった可能性がある」という、過失による書き換えだとする弁明も掲載された。最高検は、その日のうちに前田検事を証拠隠滅容疑で逮捕。取り調べに対し、前田検事は故意に改竄したことを認めた。

さらに一〇日後、最高検は、前田検事の改竄を知りながら隠蔽したとして、上司だった大坪弘道・大阪地検前特捜部長、佐賀元明・同前副部長（当時）を犯人隠避容疑で逮捕した。特捜部の検事が三人も逮捕される事態を、マスメディアも連日大きく報じ、特捜部の「解体的出直し」を求める声が広がった。

大坪前部長と佐賀前副部長は、容疑を否認。二人には、逮捕直後からそれぞれ弁護団が結成された。佐賀前副部長には、被疑者ノートが差し入れられ、弁護団が最高検に取り調べの録音・録画を要求した。これに対し、最高検は「検事なら容疑者が自身を守るすべを知っているはず。可視化の必要性はまったくない」とはねつけた。特捜部の元幹部が、自らが被疑者となった時に可視化を求めたことは、驚きをもって報じられたが、勾留と密室での取り調べの「自白セット」の威力を熟知し、活用してきた立場であるがゆえに、むしろ可視化を求めたい気持ちになったのかもしれない。

三人は起訴と同時に、懲戒免職となった。公務員には起訴休職の制度があって、村木さんの場合は、国家公務員としての身分は失わなかったが（給与は支払われない）、検事の場合はその制度がない。

崩壊する検察の嘘

最高検による検証や大坪氏らの裁判で、驚くべき事実が明らかになった。

前田検事は、村木氏や上村氏を起訴した直後の〇九年七月一三日、自分の執務室で押収した証拠品のうち、返還できるものを検討していた。その際、問題のＦＤを検察庁で保管していると、村木氏側から証拠開示請求された場合のリスクを考えた。検察のストーリーでは、村木氏が上村氏の証明書偽造の指示をしたのは、六月八日以降のはずなのに、六月一日には出来上がっていたことを示す物証は、いかにもまずい。捜査期間中に、なんとかこの矛盾を埋めたかったが、埋められないままだった。

（このＦＤが村木氏側に渡れば、公判は間違いなく紛糾する）

そう考えた時の前田検事は、プロパティのプリントを添付した捜査報告書の存在を忘れていた。これを上村氏に返してしまえば、村木氏に開示しなくて済む。しかし、返還後に上村氏がＦＤを確認して問題に気がつく可能性もある。

そこで、証明書のデータが入ったファイルの最終更新日を六月八日に書き換え、ＦＤ内のファイルの順番も入れ替えた。そのうえで、他の返還証拠と一緒に、上村氏の実家に送った。

この事実を、前田検事は七月中旬に國井検事に打ち明けた。二人は秘密を共有したまま、上司に報告することもなく、年を越した。

一〇年一月二七日に、村木さんの初公判が行われた。そこで弁護団は、プロパティが添付された捜査報告書を証拠として請求し、「検察の主張はすでに破綻している」と主張した。これが報じられ、國井検事はＦＤの改竄が発覚するのではないかと心配になり、同僚の塚部貴子検事に相談した。塚部検事は、村木氏の事件の公判担当検事の一人だった。その後、國井検事は同僚の林谷浩二検事に、塚部検事は海津祐司検事に相談。國井、塚部、林谷の三検事は互いに電話やメールで連絡を取り合った。林谷検事は、凜の会の幹部や厚労省関係者ら四人の調書を作成するなど、本件に深く関与した特捜部の検事。

國井検事は、東京地検に応援出張中だった前田検事に電話をかけ事態を報告。「今は動けないが、自分できちんと対応する。今は待ってほしい」という前田検事の返答を得て、塚部検事らにこんなメールを送っている。

〈ブツを改竄するというのは聞いたことがないが、一般論として、言ってもいないことをＰＳ（調書）にすることはよくある。証拠を作り上げたり、もみ消したりするという点では同じ。前田さんを糾弾できるほどきれいなことばかりしてきたのかと考えると分からなくなる〉（傍点筆者）

公判で主任を務める白井智之検事も、塚部検事から事情を聞き、「すぐに上司に報告した方がよい」と意見した。塚部検事は、その日のうちに休日で出勤していなかった佐賀副部長に電話を入れ、急遽出てきた佐賀副部長に事態を告げた。すぐに地検上層部に報告して対処を求める塚部検事と反応の鈍い佐賀副部長の間では激しい口論にもなった。その夜、執務室で佐賀副部長は前田検事から改竄の告白を受けた。その場には國井、白井が同席していた。翌日、大坪部長は佐賀副部長から報告を受けた。しかし、上司に事実を報告したり、前田検事の事情聴取を行うのではなく、事情を知っている検事らに「外で話すな」と口止めし、「ミステークでいく」などとして、故意の改竄ではなく、ＦＤを検証している間に誤って書き換わってしまったという事故として処理することにした。[*1]

村木氏の公判には、白井、塚部両検事の他、途中からは大坪部長の指示で前田検事も立ち会った。國井、林谷両検事は検察側証人として、取り調べは適正であったと強調した。

國井検事は、上村氏の調書を作成する際に、証明書の作成日時を曖昧にするなど、ＦＤと検察のストーリーの矛盾をごまかす工夫をしていた。そのうえ、早くに改竄の事実も知っていた。塚部検事は、改竄の事実を知った直後、佐賀副部長に対して「村木さんは無実です」と泣いて訴えた、という。白井検事も、やはり佐賀副部長に、村木氏について「有罪の心証がとれない」「白に近いグレー」と述べた、という。

少なからぬ検事が証拠改竄の事実を知り、有罪の確信を持てない検事もいたのに、検察側は素知らぬ顔で裁判を続け、村木氏に懲役一年六月を求刑した。最後まで、村木氏を犯罪者として刑務所に送ることに固執した。唯一の救いは、組織の自浄能力に見切りを付けて、新聞記者に情報をもたらした検事がいる、ということくらいだ。

最高検の検証は、外部の目が入らない形で聞き取りが行われ、しかも対象者は検察内部の者、つまり検察官や検察事務官だけだった。取り調べを行った側だけの言い分を聞き、村木氏や上村氏など取り調べを受けた側の話はまったく聞いていないのだ。

この事件では、逮捕もされていない厚労省職員たちも、事実と異なる調書の作成に応じている。検察は当初、野党議員の協力も得て障害者自立支援法を成立させるために、民主党議員からの依頼で偽の証明書を発行した、という筋立てで捜査をしていた。それに見合う厚労省職員の調書も作られている。ところが実際は、その時期には法案の骨格すらできていなかったことが判明。検察は、あわてて調書を取り直している。

検察側の筋書きに沿う話をしないでいると、林谷検事から「特捜をなめるのか。一泊でも二泊でもしていくか」と言われた、という証言もある。しかし、林谷検事はそれを否定する。

最高検の検証は、村木氏の関与は凜の会の倉沢元代表が言い始めたとしている。しかし倉沢元代表は、上村氏の公判で「自発的に供述したわけではない。消去法で村木被告しか思い当たる人がいなかった」と証言している。上村氏と同じように、記憶を混乱させられ、理詰めで追及されているうちに、苦し紛れで村木氏の関与に言及したのではないか。そこの経緯は、まったく明らかにされなかった。

このような内輪の調査で済ませてしまったために、密室での取り調べでいったい何が起きているのか、なぜ事実や記憶と異なる調書が次々に作られたのかは、皆目明らかにならなかった。これでは、どうして村木氏がターゲットにされたのかも、分からない。

村木氏が、事実を知るために唯一残された道は、国家賠償請求訴訟を起こして、捜査に関わった検察関係者の証言を求めることだった。村木氏は、大阪地検特捜部による違法な逮捕・起訴で精神的苦痛を受けたとして、国と大坪元特捜部長、前田元主任検事、國井検事の三人を相手に、約四一〇〇万円の支払いを求める裁判を起こした。ところが国側は休職中の給与分など約三八〇〇万円について、訴えを認める「認諾」を表明。村木氏に賠償金を支払うことで、検察関係者の証人尋問を回避した。真相を知る道を閉ざされた村木氏は、受け取った賠償金から弁護士費用や裁判にかかった経費を除いた約三〇〇〇万円を、刑務所と社会を行き来する累犯障害者の支援に尽力している社会福祉法人に寄付。それを元に、累犯障害者の社会復帰を目指す「共生社会を創る愛の基金」が設立された。

密室での取り調べがもたらした、村木氏の冤罪事件。その真相は今なお、検察の密室の中にしまわれたままだ。

＊1　前田検事から告白を受けたことを佐賀、大坪両氏は否認し、裁判では無罪を主張。これに対し、大阪地裁は前田、國井、塚部、白井各氏の証言を受けて、一二年三月三〇日、二人に有罪判決を言い渡した。一三年九月二五日の大阪高裁の控訴審判決も地裁判決を支持し、両被告の控訴を棄却した。また、前田元検事は起訴事実を争わず、懲役一年六月の実刑判決を受け、控訴せずに服役した。

付録1　郵便不正事件関連年表

＊村木厚子本人に関わる内容は太字表示

2003年9月	自称福祉事業支援組織「凜の会」が倉沢邦夫、河野克史らによって発足
2004年6月24日	「凜の会」が障害者団体として低料第三種郵便の承認を得る
2009年2月26日	大阪地方検察庁特捜部が、「郵便不正事件」の強制捜査に着手。広告会社社長らを逮捕
4月16日	「凜の会」代表・倉沢邦夫及び家電量販店、広告代理店の関係者を逮捕
5月26日	厚生労働省の上村勉係長、「凜の会」河野克史らを逮捕
6月14日	**厚生労働省雇用均等・児童家庭局長の村木（04年当時は、社会・援護局障害保健福祉部企画課長）を逮捕**
6月15日	厚生労働省などを家宅捜索
7月4日	**村木、上村、河野、倉沢を虚偽有印公文書作成、同行使などの罪で起訴**
7月9日	「村木厚子さんを支援する会」を結成した田島良昭、堂本暁子（前千葉県知事）らが厚労省で記者会見。村木の無実、早期保釈を訴える

9月10日　大阪地方裁判所（横田信之裁判長）で公判前整理手続が始まる

11月24日　4度目の申請で保釈が決定。164日間の勾留が終わる

2010年1月27日　大阪地裁で初公判

2月3日　倉沢の証人尋問。検察のストーリーと証言に食い違いが生じる

2月8日　元障害保健福祉部長・塩田幸雄の証人尋問。供述調書の内容を否定し、「事件は壮大な虚構」と証言

2月24日　上村の証人尋問始まる。偽造は単独犯行であり、調書は創作されたものであると証言

3月4日　参議院議員・石井一の証人尋問。倉沢の訪問を否定

3月18日　取り調べ検事の証人尋問始まる。全員が取り調べメモを廃棄していたことが明らかになる

5月26日　証拠整理で、供述調書43通のうち34通の不採用を決定

9月10日　無罪判決

9月21日　捜査の主任検事だった前田恒彦に押収証拠改竄の疑いがあることが新聞報道される

最高検察庁が前田を逮捕

検察の上訴権放棄により無罪が確定

9月22日　**復職し、1年3ヵ月ぶりに厚生労働省に登庁**

9月27日　**内閣府政策統括官に就任**

10月1日　最高検が、当時の特捜部長・大坪弘道、副部長・佐賀元明を犯人隠避容疑で逮捕

10月11日　最高検が前田を起訴、前田は懲戒免職となる

10月21日　大坪と佐賀を起訴、懲戒免職に。國井弘樹も減給処分。検事総長・大林宏が謝罪会見

11月4日　「検察の在り方検討会議」が発足

12月24日　最高検が検証結果を公表。

12月27日　検事総長・大林、次長検事・伊藤鉄男が引責辞任
真相の解明を目指して、国家賠償請求訴訟を提起

2011年3月11日　「検察の在り方検討会議」の提言。取り調べの可視化などについては、別に検討の場を設ける、とした

4月12日　前田に対し、懲役1年6月の実刑判決。控訴せず判決が確定

6月7日　**法制審議会「新時代の刑事司法制度特別部会」委員に就任**

10月17日	**国家賠償請求訴訟に対し、国が認諾を表明**
2012年1月23日	上村に対し懲役1年、執行猶予3年の有罪判決
2月7日	**上村に対する監督責任を問われ、訓告処分を受ける**
3月10日	**「共生社会を創る愛の基金」が発足**
3月30日	大坪及び佐賀に対し、大阪地裁が懲役1年6月、執行猶予3年の有罪判決。 2人とも控訴
9月10日	**厚生労働省社会・援護局長に就任**
2013年7月2日	**厚生労働事務次官に就任**
9月25日	大坪及び佐賀の控訴審で、大阪高裁が両名の控訴棄却の判決

・あいさつ（國井検事）、トランプ

何かあったらまた事情聴取に来てもらうかも知れない。そのときはよろしく。

【あなたの心境】

このごに及んでトランプとは。これで私を手のうちに入れたつもりなのだろうか。

【健康状態】

悪い・のどの痛み

【その他】

8:50　保釈決定を告げられた。

→村木から指示ありという記述を含んでいる。
第３回（遠藤検事）
・作ってあった調書（７枚）の確認
→村木の人柄、村木と私のやりとり（村木からの指示、証明書を渡した場）７枚全てがこのことに使われていた。正直いっておどろいた。
よっぽど不安なんだな。私の供述を信用していないのだな。そんなに自信ないのかな。こんなに調書とるとかえって裁判官に不審がられないだろうか。かえって逆効果のように思える。
6/15拘留質問の場面も改めてリカバリーしようとしている。「記憶にないし、自信が無いとあいまいなことを言った」が検事に諭されて本当のことを言わなくてはいけないと思い直した。とかいう内容になっている。私が見ていても悲壮感さえ感じる。彼らをここまでかりたてるものは一体何なのだろうか。

【健康状態】
悪い・本当に疲れた。カゼ気味かも。

7月4日（土）

【取調事項】
第１回
・あいさつのみ（遠藤検事）
第２回

【あなたの対応】

・裁判で想定外のことを言われたら困るから、一筆かかせて洗脳しておけと言われているのかも知れない。これ以上のことは出てから考える、今は冷静になれない。と言ったら、明らかに目の色が変わった。

・今回のような件で保釈はめずらしいとも言われた。

・裁判で供述調書と違うことを言うと余罪を持ち出して再逮捕ということもあるのだろうか心配だ。

・裁判における反省の言葉を拒否したら、保釈に影響が出るのだろうか？

【健康状態】

悪い・疲れた、頭痛、夜中に何度も目が覚める。

7月3日（金）

【取調事項】【あなたの対応】

第1回（國井検事）

・調書4枚（起訴を前にしての心境）

→村木から指示によって証明書を作成、手渡したという記述あり。

第2回（遠藤検事）

・反省文（1枚）の上に調書2枚

私が落ちこんでいるように見えたらしく、「悩んでいることがあったら何でも言って」とか「りんぎ書の件と証明書の件で罪が重くなると思っていたらそれは誤りで、決して罪を重くするとか考えていない」とか言ってくるが、供述調書は訂正してくれない。信用できない。

【健康状態】

悪い・だるい

7月2日（木）

【取調事項】

第1回

・いきなり裁判における反省の言葉を紙に書けと言われた。（1日かけて考えようと言われた。）

「私の無責任な行為によって、国民、特に障害者に対して申し訳なく思っている……」

第2回

雑談　裁判のすすめ方

第3回

雑談　裁判のすすめ方（遠藤検事）

明日以降やること「反省文と調書1通をつくるくらいかな」。

【健康状態】

悪い・だるい

７月１日（水）

【取調事項】

第１回

・今後のこと（公判整理などの手続きを説明した）

・他に余罪が無いかどうか。余罪があれば再逮捕しなくてはならないし、保釈金もさらに必要になる。

第２回

雑談→何の目的か不明。つきあうのが苦痛

第３回（遠藤検事）

雑談→目的不明

【印象に残った取調官の態度・言葉】

國井

りんの会の件について、組織的犯罪でないとするならば、余罪についても考え方を変えなくてはいけない。→再逮捕？

【あなたの対応】

適当に聞き流していただけで、事件について具体的な供述はしなかった。

保釈については上層部の判断を明日待つことになる。鈴木先生と話をしているのか？　最近その話はしていないと答えた。→プレッシャーをかけてきた。→遠藤検事とトーンが違うので気になる。非常につらい。

６月30日（火）

【取調事項】

第１回（國井検事）

・障害者自立支援法成立過程→調書５枚

・自分の性格→明らかな誤り１ヵ所あり→訂正を求めず→調書５枚

第２回　雑談（遠藤検事）

全く何のために呼ばれたのか不明

【印象に残った取調官の態度・言葉】

拘留中の供述について「決して精神的に不安定になってもう想を語ったわけではない」という、私が語ったことになっている供述調書の言葉→悔しい、不本意

【あなたの対応】

・３通全ての調書に「村木からの指示、証明書を村木に渡した」という、これまでの作文の記載がある。

【健康状態】

悪い・のどの痛み、鼻水、睡眠不足、下痢気味

6月29日（月）

【取調官の氏名】

國井〔注・遠藤検事から再び國井検事に交代した〕

【取調事項】

・公的証明書と障害者定期刊行物協会からの証明願を自宅に隠していたことについて（調書10枚位）→あとあと正式な決裁をとるためには必要だと思う半面《ママ》、職場に置いておくのは、危険だと思ったから、持ってかえって保管していた。

【あなたの対応】

調書の中に「村木から指示され、村木に証明書を渡した」という部分、5月26日逮捕前東京地検で「私が単独でやった」という供述を否定する内容になっているが、いまさら否定しても無駄な抵抗なのであきらめた。一刻も早く東京へ帰りたい。

【健康状態】

悪い・眠いけど眠れない

【弁護人について聞かれたか】

【弁護人について聞かれたか】

保釈は検察庁としても反対はしないので、金曜日か月曜日になると思う。300万位は保釈金が必要になると思うので、弁護士さんと相談しておいた方がよい。

6月27日（土）

【取調事項】

第１回　雑談（ロシアの遺骨収集）
第２回　社会参加推進室での仕事（①補助金の執行②障害者自立支援法）について

【健康状態】

悪い・のどがいたい。鼻水も出る。カゼかも。

【その他】

弁護士接見の前に、５月26日初めて拘置所に入ったとき応対してくれた刑務官に会った。「覚えてるか？　やせたか？　がんばりや」と励ましてくれた。絶望的孤独の中にいると、こんなちょっとしたことでも涙が出るほどうれしい。

6月28日（日）

６月26日（金）

【取調事項】

・20年10月頃初めて事件が報道されてから４月７日遠藤検事が厚生労働省を訪問したときまでの私の心境について（調書５枚）

【あなたの対応】

4/7にうそをついたことを率直にわびた。

調書の中には、「村木から指示されて証明書を作り、村木へそれを渡した」という主旨のことも書いてあったが、あきらめた。

（とてもこの中にいたのでは、まともに物事を考えられない。冷静にあと先のことを考える余裕はとてもない。一分一秒でも早くここを出て東京に帰りたい。）

・関係者全ての人に対して憎しみや恨みはない（調書に書かれた文言）→失敗だった。（検事にうまくしてやられた）

【健康状態】

悪い・だるい、食欲不振、頭痛→かぜかも。

・留置管理係の上司（主任）という人が部屋を訪ねてきて、何が私を悩ましているのか話を聞いてくれ、励ましてくれた。私の記憶と違うこと（村木から指示されて証明書をつくり、村木へ渡したこと）が報道され、供述調書になっていることを率直に話した。このことで村木が逮捕されたのかとも私は思っていて、悩んでいると話した。今が一番苦しいが、検察と戦わなければいけないと諭された。

弁護士会館のB１の〔喫茶店〕メトロで河野に渡したのが私の記憶であるという供述をしたが、調書はすでに出来上がっていて〔注〕、署名押印は拒める状況ではなかった。

・村木さんは「倉沢が村木からもらった」という供述で十分起訴できるという口ぶり。

→私の供述はあればそれにこしたことないと言わんばかりの様子。

私の供述もあって村木を逮捕されたと思っていると言うと、そうではないので気にするなと遠藤検事は言った。

〔注〕上村氏は、調書がすでに出来上がっていたことに驚いたという。取調室以外で調書が作られ、被疑者は取調室で署名するだけという行為に違和感を抱いた。その上、連日取り調べをしていた國井検事ではなく、遠藤検事が調書を持参した。取調官を代える目的は、取調官を代えても同じ供述を被疑者が維持したことを裁判官に印象づけることにあったと上村氏は推測している。

【あなたの心境】

保釈という甘いえさの誘惑に負けてしまった。保釈の話をしているか聞かれて、一応拘置期限は7/4だけど、土日にかかる場合は普通前日の7/3に処理すると言われ、その後、すでに出来あがっている調書に署名押印という段取りになっていて、ここで話がこじれるのが怖くなった。

【健康状態】

悪い・睡眠不足、動悸、かゆみ

いだ者から私に証明書について問いあわせがあり、「決裁文書のありか」を聞かれたが、「もっとよく探してみなよ」とウソをついた。そのときはDMで派手にもうけたり、悪事をはたらいているということは知らなかったため、この件は昨年事件が新聞で報道されるようになるまで、全くりんの会の動向は気にもとめなくなった、と供述した。その後も後任の者からの問いあわせはなかった。→この件は検事の作文がほとんどだが（後任者の記憶によると私に尋ねたそうである）、私は尋ねられたことはよく憶えていない。

・（トランプ遊び約２時間。この余裕は一体何？）

【健康状態】

悪い・だるい、のどが痛い

６月25日（木）

【取調官の氏名】　遠藤

※國井検事は他の調べがあるので代わりに来た。（村木の調べか？）

【取調事項】【あなたの対応】

・これまでのダイジェスト版の調書６枚（村木から指示、村木に渡した。）

→村木からの指示があって、村木へ証明書を渡したのではなく、

悪い・心臓がドキドキして苦しい。訳もなく涙が出てくることがある。

６月23日（火）

【取調事項】

・自分の性格について

・障定協からの証明書の受領時期について

→本当は必要ないのに（※）前任係長が時間かせぎと障定協から断わられることを期待して、りんの会を障定協にわざと行かせた。これで２ヵ月位時間を要した、と彼らはだまされたと思っているらしい。

※3000部発行するりんの会の機関誌「りん」には〔注・障定協の事前審査は〕必要ない。

【健康状態】

悪い・眠れない。食欲不振、動悸、頭痛

６月24日（水）

【取調事項】【あなたの対応】

・りんの会分裂時（18年６～７月）厚生労働省の対応について（調書作成）

→日曜日に話したとおり、18年６～７月頃、私の業務を引きつまともに物を考える状況ではない。きちんとした供述を書いてもらえない。また逮捕されて20日間拘置になったら困るから。

【健康状態】

悪い・とにかく疲れた。まともに物を考える状況ではない。

【その他】

睡眠薬を出すようにするらしい。強引な取調がなければ薬なんていらないのに、と思う。

6月22日（月）

【取調事項】【あなたの対応】

・「村木から指示されたこと」「証明書を村木に渡したこと」やっぱり今でも単独でやったと思っているか？　と検事に聞かれて「私の記憶では私が決断して河野に渡した」と答えると、「否認するわけね。じゃあ、室長補佐だったＴさんとか関係者全員証人尋問だね」。「鈴木先生とは裁判の展開とか打ち合わせしてる？」と聞かれたが、まだそこまではしていないと答えた。

→「否認するわけね。関係者全員証人尋問だね」という発言にはプレッシャーを感じた。

・近々、村木本人に國井検事が事情を聞くらしい。

【健康状態】

調書の中で私が「あとづけでも書類をととのえて審査したという形にしておいた方がよいでしょうか？」と村木に聞いたところ、村木は「後で面倒なことになるからいいわ。上村さんはこのことは忘れて下さい。」と言った部分があるが、これも検事の作文である。しかし、このやりとりはたしか読売新聞に出ていた（やっぱりリークしたかという感じ）。

【印象に残った取調官の態度・言葉】

いつもより声が大きかった。冷静さを欠いているように見えた。「ちゃんと眠れている？」とか「心配事があったら何でも相談して」とか言うが、調書作成の時になると、私の言っていることには耳をかさない。この「わりきり」を見ていると、まるで機械のようだ。

【あなたの対応】

河野も倉沢も言わされている。なぜなら、私自身も自分の言ったことでないことが調書になっているから、同じことが彼らにおきていても不思議ではないと私は言い張った。

私よりりんの会の言うことが信用できるのかと開き直ってやった。どうしても村木に私が証明書を渡さないと話しがつながらない。それしか考えられないと検事は言う。いつも平行線になる。

【あなたの心境】

もう無駄な抵抗はしないでおこうと思う。早くここから出たい。

５年も前のことを１つのストーリーにまとめ上げようとすること自体に無理があると言ってやった。たぶん検事は頑固な奴だと思ったにちがいない。しかし、私の記憶では村木から指示を受けていないし、村木に証明書を渡してはいない。

【健康状態】

悪い・非常に疲れた。食事がのどを通らなくなってきた。

６月21日（日）

【取調事項】

・村木の関与について。全く聞く耳もたない。毎回毎回バカバカしい。

・機関誌「りん」、りんの会規約をみて、今審査するとしたらどうか（調書１通）

・りんの会分裂時の厚生労働省の対応について。

当時（18年６月）の係が私に証明書について聞いたと言っている→私は憶えていない。

しかし「決裁文書がないが心あたりは無いか」と聞かれ、「もっとよく探してみなよ」と私が答えるストーリーになる予定。これもいずれ調書になると思うが、勝手にしてくれという感じ。検事はいつも「ここからは想像でしかないんだけどね」と言って私に聞いてきて、これをパソコンで打ちこみ、これが調書になる。いつもこのパターンで架空のストーリーを作り上げる。

第2回　雑談

事件については全く取調なし。

【健康状態】

悪い・眠い。けど眠れない。一人になると心臓がドキドキしてパニックになる。

【その他】

弁護士接見のとき少し寝かせてもらった。少し落ちついた。青木先生には失礼なことをした。

6月20日（土）

【取調事項】【あなたの対応】

・機関誌「りん」を読ませて、今審査するとしたらどう思うか。

→障害者のための内容になっていないので、今なら却下すると答えた。

・りんの会の内部分裂に関して倉沢が厚生労働省に出した手紙を見せてもらった、「企画課長名の証明書」と書いてあった。

→具体的な供述はしなかったが、企画課長名と書いてあるからと言っても、私が企画課長に渡したとか村木の指示によって証明書を作ったことにはならないと思う。

検事は、村木がかかわっていることは明白なので、ウソをついていることは間違いないと言っていた。

「村木が関与している」という自分と「いや自分一人の犯行」という自分が、心の中で葛藤している。しかし、村木が関与しているならば、早く本当のことを言ってほしい、何かをかばっているのであろうか、と供述した。

最近は「思い出せるものならとっくに思い出してる」という怒りにも似た感情が湧いてくるがじっとガマンしている。

覚えていないものを思い出せというのはつらい。気が狂いそうになる。私はどうなるのだろうか。

【健康状態】

悪い・眠れない、のどが痛い、ドキドキする。明らかに食欲がおちてきた。

【その他】

青木先生からアドバイス「物証が弱いから供述で固めようとする」検事のあせり

弁護士接見のあと、「部屋に戻って水分をとりたい」と刑務官に申し出たが認められず、そのまま取調べを受けて21:30まで拘束された。のどがかわいて大変苦しかった。

6月19日（金）

【取調事項】

第1回　雑談（焼き肉、おでん、西成、北新地）

「もし、被疑者がどうしても自白しないときはどうするか」という話題になった時、検事は「拷問する」と答え、上層部から注意を受けた。→記憶にないといつまでも言っていると、いずれ強引な手段もあるという風にもきこえ、多少プレッシャーを感じた。

【健康状態】

悪い・眠れない。だるい。取り調べ時間が長い

6月18日（木）

【取調事項】

第１回　村木に広中《ママ》弁護士がついていて、自宅から弁護士とのやりとりが押収されている。（ということは、かなり早い段階で今日の事態を予測して対策を練っていたのだろうか。）
第２回　雑談（なんの目的かわからないが、キャリアとノンキャリの違い、政治家とのつきあい方、国会質問・陳情の対応のしかたとか聞いてくる→どうも事件を厚生労働省の組織的構造的なものにしたいらしい。）

青木先生の言うように、物証がとぼしいのか、拘留質問の時「村木との共謀」「村木にたのまれた」という主旨を否定したことであせっているのだろうか。取り調べ時間が今週に入って急に長くなった。

【あなたの対応】

んて夢にも思わなかったと私は答えた
〔注・②③は省略〕
　④検事から何でも疑問に思っていることを聞いて下さいと言われたので、私→村木→塩田→石井一の順で捜査していくという構図は、捜査開始当初から決められていたことで、これに合わせるため、私の証言と倉沢の証言を合わせる必要がどうしてもあって國井さんも上から言われて苦しんでいるのではないですかと聞いた。実際、検事は毎日会議で孤立している様子。しかし私は村木から指示され、村木に証明書を渡したことは気憶《ママ》にない。思い出せない。

【健康状態】
　悪い・眠いけど、ドキドキして眠れない。

６月17日（水）

【取調事項】
　18年６月の倉沢の厚生労働省あて手紙に企画課長からもらったという村木関与の記述あり。写しを倉沢宅から押収の模様。検事はこの３年前に倉沢が出した手紙に企画課長の関与を示す記述があることをもって、村木から倉沢に証明書が渡ったという証拠にしたい模様だが、いつも話しだけで、「物」を見せてはくれない。

【印象に残った取調官の態度・言葉】
　検事が以前、司法修習生との懇談会に出た時のエピソードを話し、

6月16日（火）

【取調事項】

①証明書をなぜ発行したのか。その時の状況、気持ち

②塩田と村木の関係

③りんの会分裂の話

④検察の描いている構図（検察の最終的なゴールは何ですかと聞いてみた）

⑤倉沢の供述「村木からもらった」→絶対に間違いない←私がヤメ検に言わされているのではと聞いたところ、検事がそう答えた。

明日から３日間位は事件のことを考えるのをやめましょうと言いだした。←あまり私が思いつめているので

【印象に残った取調官の態度・言葉】

・周囲の人（厚生労働省、塩田）の話と上村さんの話がちがうことについて検事（國井）自身の力不足なのかわからず悩んでいる。担当をかわってもらおうかとも考えた。

・毎日会議で上村にダマされていると言われるが、上村さんがウソをついていないと言っている。

【あなたの対応】

①とくそくを何度もうけて、なんとか「りんの会」と手を切りたくて、たかが企画課長名の証明書じゃないか。出せば静まるだろう。偽の証明書だってバレるわけないし、当時はこれで金もうけするな

拘留質問①「村木と共謀して」②「村木が（私に）押させ」という部分について村木の逃げ道を作ったとか上記表現①②を訂正するという主旨の調書

村木と共謀してない、村木が（私に）押させてはいない、今日裁判官に話したことは訂正しないと言ったら、検事は少し涙目になって「私は上村さんがウソをついているとは全く思っていない。村木さんも逮捕されて今、職場のこと、家族のこと、塩田さんから言われたことなどいろいろなことを整理しているのだと思う、上村さんがそうだったように村木さんも本当のことをいずれ話してくれると信じている」。

【あなたの心境】

村木と共謀していないし、村木が私に公印を押させてはいない、裁判官に言ったことは訂正しない、と言ったが結局、署名押印した。

私が村木に証明書を渡したことは、私以外の当時の関係者に聞いても、倉沢が村木からもらったという供述からして間違いない。会ったことがないという村木の供述はウソ。第三者の介在もないとすれば、作成した上村さんが渡す以外ありえない。〔注・検事の話〕

検事のいうことを信じてみようと思う。（村木の供述を待ちたい。）

【健康状態】

悪い・夜になるとドキドキして眠れない。

【健康状態】

悪い・頭痛、のどの痛み、不眠

6月14日（日）

【取調事項】

・村木逮捕（理由は不明。はっきりわからない。検事総長まで了解しているとのこと）

・再逮捕（公文書偽造・行使）明日裁判所、最大7/4まで拘置

・りん議書偽造については処分保留

【あなたの対応】

村木の逮捕について①私が証明書を渡したこと②村木から証明書作成について、指示があったことについて、「やはり記憶にない。自信がない」と言ったら、「上村さんだけが悪いわけではなく村木さんも利用された。彼女もいずれ本当のことを話してくれるから、気にするな」と言われた。

【健康状態】

悪い・だるい

6月15日（月）

【取調事項】【あなたの対応】

【健康状態】

悪い・だるい

【弁護人について聞かれたか】

弁護士費用を聞いておいた方がよい（検事）。500万と検事に言われ不安になった。

6月12日（金）

【取調事項】【あなたの対応】

①雑談（これからのこと）

②逮捕前夜の取材について（職場からの帰途、取材を受けたこと）

③村木さんの関与について

→「村木さんはりんの会を知らないと言っている。うそをついている」と検事が言ったことに対して、本当のことを話してほしいと私は言った。

私が「もし村木さんが関与していることが判明したら免職になるのか」と検事にたずねると「わからないが次の局長を決める準備をしているらしい」と検事が言った。

④自立支援振興室（かつての社会参加推進室）職員が地検に呼ばれた人から聞きとりをやっていることについて

て村木に「形だけでも決裁の形をととのえておいた方が良いでしょうか」という趣旨を私が相談して、村木からはその必要はないという調書になっている。作文に近いが……。
→検事の作文にのるという決断をした以上しかたない。

【健康状態】

悪い・だるい

6月10日（水）

【取調事項】【あなたの対応】

・これまでの人生について（挫折、楽しかったこと、すぐ逃げだしたくなる弱い性格について分析）

【健康状態】

悪い・頭痛、下痢

6月11日（木）

【取調事項】

今の心配事（出てからのこと、保釈金、家族のこと）

事件のことは一切なし

懐柔策か？（福祉系の資格の情報、協力できることがあれば言ってほしい）

【健康状態】

悪い・つかれた。

6月8日（月）

【取調事項】【あなたの対応】

・障害者自立支援法について（どんな点が障害者団体から批判されたのか）（民主党の動きは？）

・自宅に証明書のうつしをとっておいたことについて→あとで事後承認でもよいから形だけでも決裁をとるべきだと思ったこともあったから。

・なぜこんな事件をひきおこしたのか。自分でどう思うか。→面倒なことは先送り、責任回避の考え方・性格

相談する相手がいなかったことも原因ではと検事が言っていた。

【健康状態】

悪い・つかれた。眠い

6月9日（火）

【取調事項】【あなたの心境】

今回の事件と村木、塩田の関与について（厚生労働省の組織的犯罪にしたいようだ）

後づけでもよいから後々のために決裁をとろうとしたことについ

罪をおかしたのは自分だから死ぬまで苦しむのは仕方ない
密室での取調べでは検察に勝てない
もう誰も信じられない気持ち

【健康状態】

悪い・だるい、眠い、背中が痛い

6月7日（日）

【取調事項】

・にせのりんぎ書作成、証明書を作成した詳しい経緯について
・証明書を渡す場面

【あなたの対応】

・5月中《ママ》ばににせのりんぎ書を作成したころ倉沢が村木を訪ねて、村木に倉沢の目の前で郵政公社へ tel させていた。（東京支社長＝村木の夫と知りあい）

・私がにせの証明書を作った6月上旬にも村木のもとを訪れて証明書発行をせまっており、村木としては一度郵政公社へ tel しているし、塩田から下りてきた話でもあって後へは引けなくなった。

・村木は今のところ「りんの会の関係者にあった記憶はない」と言っている。これは後で思い出したときのためのうまい言い方をしていると思う（検事）→国会が終わったら話を聞くつもり

【取調事項】

・にせのりんぎ書を作った経緯について（調書）

・４月のとくそく、４月中旬のりんの会の訪問、５月のとくそく、にせのりんぎ書を作成した場面（調書）→村木から指示があったという記述あり

【印象に残った取調官の態度・言葉】

全々《ママ》覚えていないから他人の力を借りるより仕方ない

偽証罪にはならない

【あなたの対応】

土、日は弁護人から署名・捺印はするなと言われている、と説明したが、全くダメ（30分位話し合った）

月曜日まで待ってほしい→待って何が変わるのかと言われた

覚えていないことが多いから、他人の力を借りるより仕方ない

真実を明らかにすることに協力しないことは無責任

署名拒否は記録に残る〔注・この３行は検察官から言われた言葉〕

【あなたの心境】

調書の修正は完全にあきらめた。

後々他人がどうなるかなんて今はどうでもよい。

【取調事項】

１回目は塩田と村木を中心に国会議員とのつきあいについて

２回目は、当時の政治的背景（障害者自立支援法制定を目指していたから自公はもとより民主党にも気をつかっていた）が今回の事件、なぜ石井一の陳情を受け入れ、組織的にりんの会が実態がないのに証明書を発行することになった経緯について「かなり作文された」→供述調書

【あなたの対応】

供述調書について

①村木が私に指示した　②私が村木に渡した、という点について憶えていないのにこれではいかにも私が指示を受け、村木に渡したというウソの証言をしたことになるが、後から偽証罪にならないか？　罪のない人をおとし入れることになりはしないか、そのことを私が一生背負って生きていかなくてはならないと訴えたが全々《ママ》まともにとりあってくれない。

→もうあきらめた。何も言わない。

【健康状態】

悪い・だるい、眠れないのでつらい。つかれた。

６月６日（土）

①と②については社会参加推進室（現自立支援振興室）内をさがして押収した資料に食いついてきたもの。

上からの指示なのか、個人的に手柄を上げたいのか、私から厚生労働省の悪事を聞きだそうと必死になっている様子。厚生労働省の「うみ」を出し切りたいとも言っているが私を利用したいだけ。

【訂正されなかったのはどのような点か】

・村木から指示がある点、村木から渡したという点

【健康状態】

悪い・頭痛、だるい

６月４日（木）

【取調事項】

4/14付の障定協の証明願を持参　再度の要請に対して検討させて下さいと答えたということになっている。が私としては４月中旬〜下旬のやりとりはほとんど憶えていない。大して実害はないので検事の作文にまかせた。

【健康状態】

悪い・だるい

６月５日（金）

【あなたの対応】

・裏金づくり—口座の管理法

・裏金づくりについて、これは口外するなとか言われなかったか。
→税金面でもしっかり対応しているし、勤務時間外にやっていると聞いていて特に口外するなとか言われたことはない。

【健康状態】

悪い・頭痛

6月3日（水）

【取調事項】

①○○○○衆議院議員が補助金の陳情をしている資料を押収して、幹部が議員とゆ着しているのではないかと疑っていた→知らない

②×××元九州厚生局長→ノンキャリのトップ。（知りあいの社会福祉法人から家のローンと車の供与を受けていた疑いで退職）について知っているか聞かれた。

×××はノンキャリではあるが村木の後任

×××とEが先輩後輩であることに目をつけ、りんの会の件と何か関係あるのではという疑をもっているようだ。

③裏金調書（とられた）

よくわからないことが多いのでどこまで自分の言ったことが本当かあまり自信がない。でも調書になっている（不安）

ていなかったか→知らない。

・他の厚労省内の悪事について→知らない。

新しい情報（当時の社会参加推進室室長補佐Tの供述調書読みきかせ）

①K企画課長補佐に呼ばれ、企画課に行ったところ（前任のMといっしょに)、村木、倉沢がいた。手続きを説明してその場でこの案件は以後社会参加推進室で取扱うことが決定した。

②3月後半異動前になっても進展がないので（この頃村木にりんの会からとくそくがあったらしい）村木は、Tに進ちょく状況を聞いた。TはMにどうなっている？　と聞いたところ、まだ審査の書類がととのっていないので相手の出方まちという報告（この頃りんの会はNPO障定協に証明願を出してもらおうとしていたらしい。）をして、E新室長、T、Mの3人で審査書類がととのっていないという報告を村木にした。村木は異動も近いのでしっかり後任に引き継ぐように指示した。

③4月に入ってTはりんの会の件はどうなっているのか私に聞いた。私はまだ書類がととのっていないという返事をしたそうである。(Tによれば）→全く記憶にない。

書類がととのったらTと室長に話を上げるようにという指示を私に出したと供述している→全く憶えていない。

これだけ上が事情を知っていたら、形だけでも決裁を作って通してしまえばよかったのではと思うが、自分とりんの会しかこの犯行を知らないと先週まで思っていたので、全く周囲の動きは知らなかった。

がいる？

〔注〕厚労省職員が出版社から受け取った法律解説などの原稿料を部署ごとに管理していた「プール金」を、検察官は「裏金」と呼び、これも厚労省の組織不正であるとして、上村氏の追及に利用していた。

【あなたの心境】

①村木に指示されて証明書を作ったこと

②私が村木に証明書を渡したこと

③弁護士会館でりんの会の関係者に証明書を渡したこと

①②は記憶にない

②③は供述が全く一致しない。

③は憶えているがもしかしたら会って話をしただけかも知れない。

どうしたらいいか迷っている（憶えていない　思い出せないから検事の言っていることが本当なのか判断できない）

【弁護人について聞かれたか】

いつ来てるか？→昼前　昼すぎ

（本当のことを話すべきと言われていると答えた）

6月2日（火）

【取調事項】

・裏金づくり→資金の使いみち（旅費、慶弔費、飲食）。口座の管理法。いつからやっていたか。幹部の国会議員への接待に使われ

「私が村木に証明書をわたした」というところ
「村木から私に証明書を作るように指示があった」というところ
「キャリアがノンキャリを踏み台にしている」

【あなたの心境】
検事のいいとこどり作文→こういう作文こそ偽造ではないか。

【健康状態】
悪い・夜一人になると動悸がして絶望感におそわれる

【弁護人について聞かれたか】
今日のことは弁護人には言うな。

6月1日（月）

【取調事項】
・裏金作り〔注〕→他にかくしていることはないか（組織的に）→省内の悪いうわさなど。明日まで考えておくように
・村木から直接指示があった場面を思い出してほしい。（メールで指示？　直接呼んで？　telで？　色んな可能性を現在探っている）
・近くの人が私の姿を見ている→村木のデスクに呼ばれたところ→村木の隣にすわっていた人物か。
・私が証明書を村木に渡したことを報告したことを聞いている人

・弁護士会館で証明書をりんの会の関係者に渡したことを「ウソ」ということにされてしまった。→調書にされた。

違うと言ったが聞き入れてもらえなかった。最初から聞く気はない（単なるセレモニー）

・ノンキャリがキャリアにつかわれ、踏み台にされているということも書いていた。國井検事のいいとこどりで作文された。

・えん罪はこうして始まるのかな

・取調べはやはり録画するか弁護人の立会がなければ対等に戦えない。

・自分でリークしているのにマスコミは面白おかしく書くと言っている

【あなたの対応】

私の記憶がないことをいいことに、いいように作文されている。

私としてはどっちでもいいが早くここを出たい。

いかにも厚生労働省のため、私のためとか言っているが信用できない。

【訂正されなかったのはどのような点か】

「私が村木に証明書をわたした」というところ

「村木から私に証明書を作るように指示があった」というところ

→ちがうと言った

【不本意な記載はどのような点か】

5月30日（土）

【取調事項】

石井一→塩田→村木→M〔注・前任係長、実名〕→上村→村木→塩田→石井一

これだけ固められると、のがれられない

記憶はないけど私が村木に証明書を渡したことを認めた。（そうせざるを得ない）→りんの会側のメモや手帳という記録には、記憶だけでは勝てない。

本当にそうなのか自信ない。

早く両親のもとへ帰りたい。

【あなたの対応】

鈴木先生の指示に従えなかったこと申し訳なく思った。

夜１人でシーンと静まりかえった独房にいると頭がおかしくなる。

今後、社会や親族に受け入れてもらえるか。再出発できるのか考えていると息苦しくなってパニックになった。夜が怖い。

【健康状態】

普通

5月31日（日）

【取調事項】

５月29日（金）

【取調官はどのような点に関心を示していたか】

・村木と私をつなげたい

・下に責任を押しつける厚労省の体質を改めるべき

【あなたの対応】

①（証明書を作成したのは私）と②（証明書が渡ったのは村木→倉沢）がどうしてもつながらない。検察に言わせると５年も前のこと、誰にもわからない。①は誰にきいても一致する事実、②について不明なら関係者の意見を総合するのが合理的ではないか。いわば多数決のようなもの。つまり私（検察）にまかせてもらえないか。証明書をもらった側で考えればよいこと。

証明書を渡した場所について弁護士会館で渡したと言っているが「りんの会」側は違うと言っている

私としてはその多数決にのっても良いと思っている。しかし、裁判で村木本人が出てきて否認された場合、最終的に偽証罪に問われるのか心配だ。

逆に、私が自分の責任を上に押しつけた形になってしまうのか。

真実はどこにあるのかよくわからない。が、一日も早くここを出たい。

【健康状態】

普通

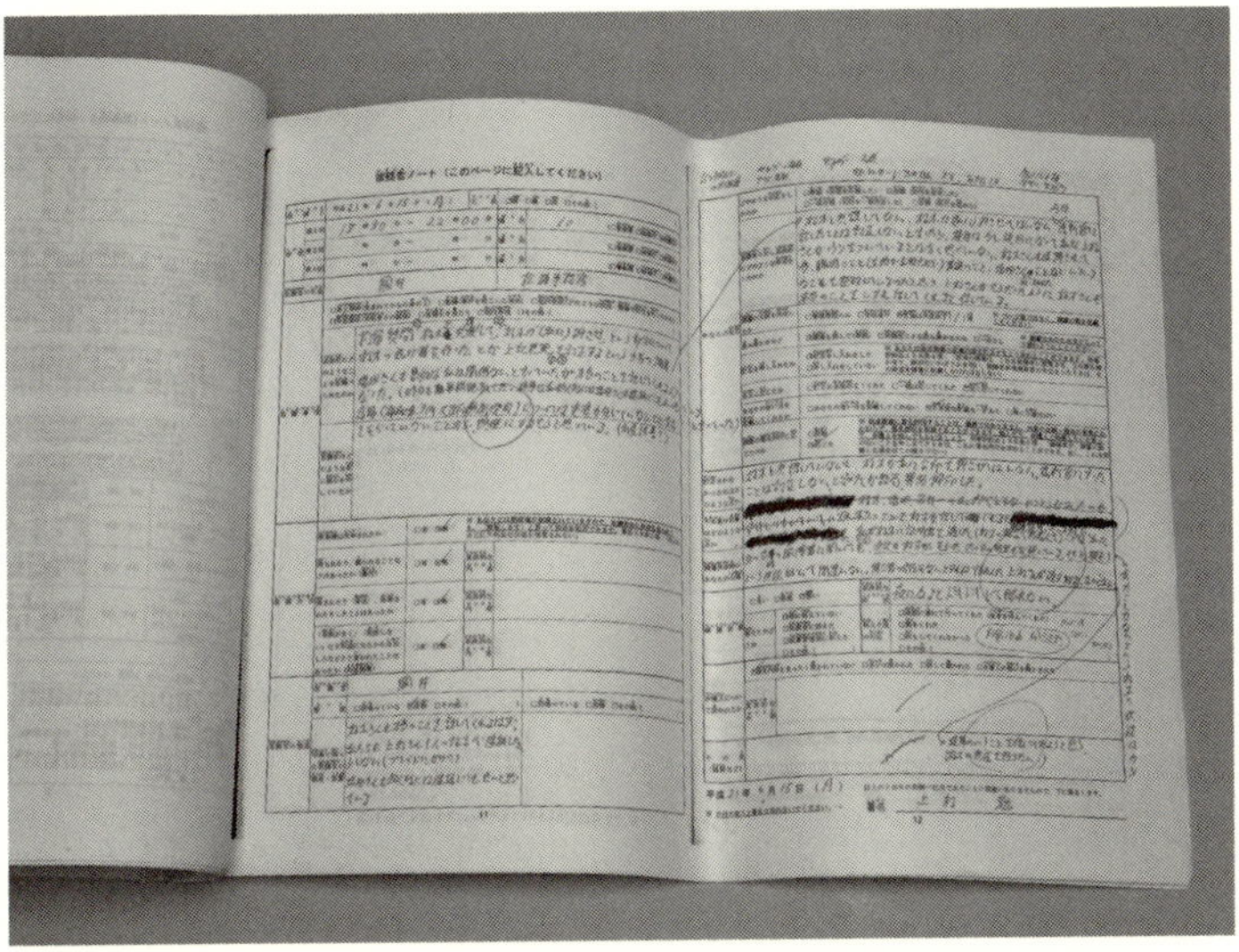

たいらしい。

だんだん外堀からうめられている感じ。逮捕された私から村木の関与の供述が得られれば検察のパズルは完成か。今後私の供述を待たず、厚労省職員の証言をもって村木に自白をせまるのか。仮にそうなったら孤立している私はどうなるのか。全体の流れにのった方が有利なのか迷っている。

いつまでも違った方向を見ていると拘留《ママ》期間が長期化しそうで恐い。しかし、現時点で村木の関与は思い出せない。どうしたものか。

【健康状態】

普通

５月28日（木）

【取調官の氏名】

國井

【取調事項】

①関係者の話では障害者団体であることの証明書は、倉沢が村木から直接村木のデスク脇でもらったことになっている→私の供述は「浮いている」と言われた。

②証明書を渡した日付は5/28ではなくて6/1。データが残っていたので「認めた」

③りんぎ書＋進ちょく状況を記したペーパー→ＦＡＸしたもの→５月中旬作成「認めた」

④身上調書作り（内容はそのとおりだったので署名した）

【印象に残った取調官の態度・言葉】

①厚労省の上のやっていることは「とかげのしっぽ切り」

②人間の記憶なんてあいまいなもの

③村木はうそをついている。会っているのは事実

【あなたの対応】

１人で誰にも知られることなく発行するつもりだったのだから、一番知られたくない決裁権者の村木本人から倉沢へ渡すというのはどうみてもおかしいと認めなかった→どうしても村木と私をつなげ

付録2 上村勉・被疑者ノート（抜粋）

取調べの記録（平成21年５月26日から21年７月４日まで）

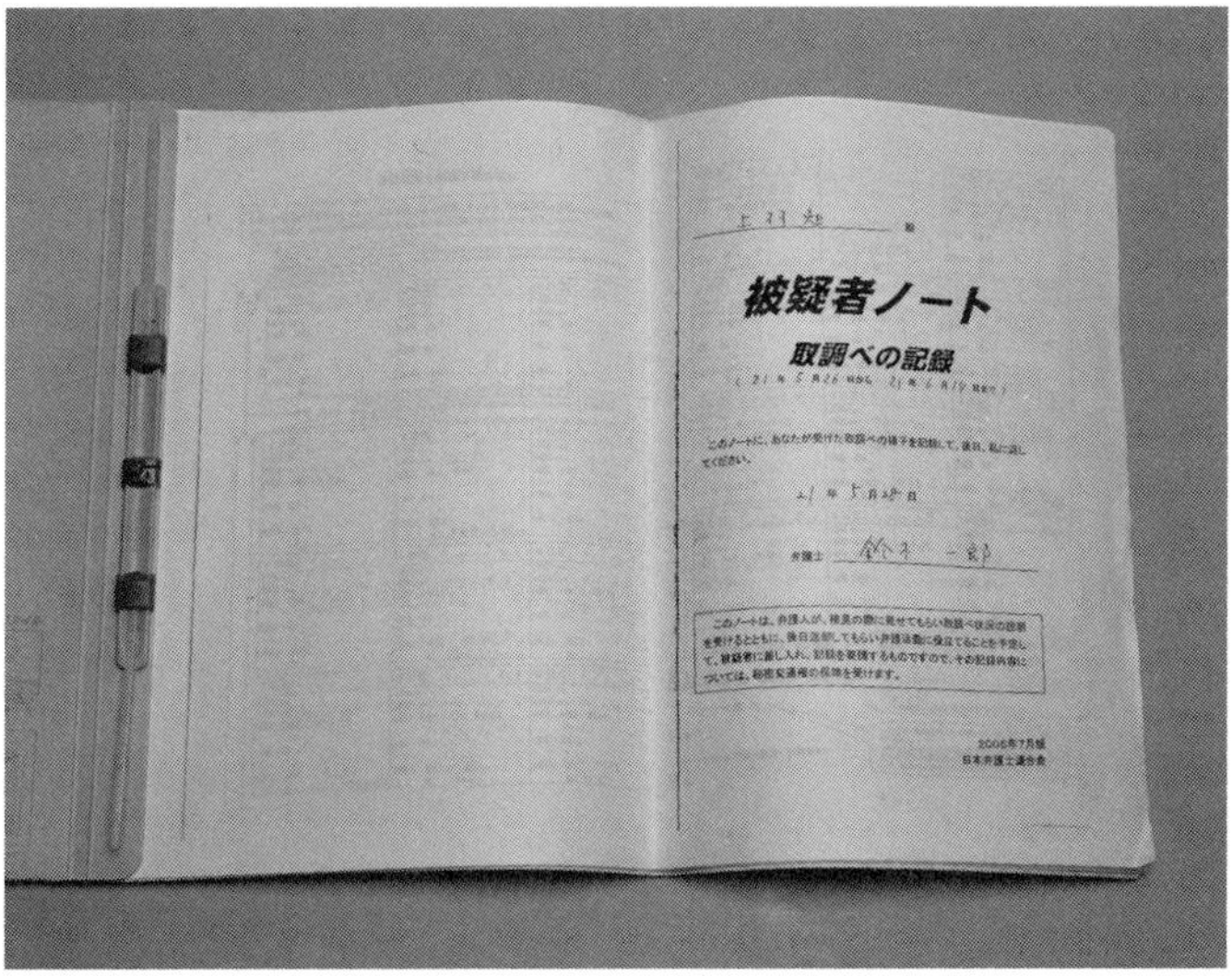

これは上村勉氏の「被疑者ノート」（日本弁護士連合会作成のもの、写真参照）をもとに、江川紹子氏が本書に関連する部分をまとめたものである。

「被疑者ノート」の原本は「取調事項」と「あなた〔被疑者〕の対応」などの項目が別に立てられているが、本稿を作成するに当たって複数の項目をまとめて記した箇所がある。

村木厚子

1955年高知生まれ。高知大学卒業後、78年労働省（現・厚生労働省）に入省。障害者支援、女性政策などに関わり、雇用均等・児童家庭局長などを歴任。2009年郵便不正事件で逮捕・起訴されるも10年９月に無罪確定。同月より職場復帰し、13年７月より厚生労働事務次官に就任。著書に『あきらめない』など。

江川紹子

1958年東京生まれ。早稲田大学政経学部卒業。神奈川新聞社会部記者を経て、フリージャーナリストに。新宗教・災害・冤罪のほか、若者の悩みや生き方の問題に取り組む。95年、一連のオウム真理教報道で菊池寛賞を受賞。著書に『名張毒ブドウ酒殺人事件』『勇気ってなんだろう』など。

装幀　中央公論新社デザイン室

撮影　本社写真部

私《わたし》は負《ま》けない
――「郵便不正事件《ゆうびんふせいじけん》」はこうして作《つく》られた

2013年10月25日　初版発行

著　者　村木厚子《むらきあつこ》
聞き手・構成　江川紹子《えがわしょうこ》
発行者　小林敬和
発行所　中央公論新社
〒104-8320　東京都中央区京橋2-8-7
電話　販売 03-3563-1431　編集 03-3563-2766
URL http://www.chuko.co.jp/

DTP　ハンズ・ミケ
印　刷　三晃印刷
製　本　大口製本印刷

Published by CHUOKORON-SHINSHA, INC.
Printed in Japan　ISBN978-4-12-004550-9 C0095